Auszeit

Von mir für dich …

HELGA KOCH

Auszeit

Nachdenken über das Leben

Bibliografische Information der Deutschen Nationalbibliothek.

Die Deutsche Nationalbibliothek verzeichnet diese Publikation in der
Deutschen Nationalbibliografie; detaillierte bibliografische Daten sind im
Internet über http://dnb.dnb.de abrufbar.

© 2019 Helga Koch

Satz, Umschlaggestaltung, Herstellung und Verlag: BoD – Books on
Demand, Norderstedt

ISBN 978-3-7481-9641-9

Inhalt

Selbsterkennen	9
Prolog	10
Träumen überm Tal	11
Leben lernen	12
Sprache und Schrift	13
Golf	13
Heimat	14
Schwaben	15
Älterwerden	16
Jahreswechsel	17
Reformationsjubiläum	18
Wenn Engel lachen	19
Luther–Rebell Gottes	20
Einladungen	21
Trennung von Staat und Kirche	22
Glücksgefühle	22
Tiefen	24
Auszeit-Träume	27

Auszeit-Aufbruch 28

Glücksmomente 29

Ein Regenbaum,
der auf wundersame Weise Regen brachte 29

Ankunft 30

Ostern auf Teneriffa 31

Es war der Mond 33

Insellachen 34

Lebenseinstellung 35

Freundschaft 38

Abflug 38

Zurück zum Flugplatz 40

Frühling 41

Mai 42

Sommerzeit 43

Zu Hause 44

Partnerschaft 45

Eiserne Hochzeit 46

Juli 52

Hitze 54

Perseiden 55

Trockenheit	57
Heimweh ist ein zweischneidiges Gefühl	58
Blutmond	60
Hans Küng	61
Barmherzigkeit	61
Störche	62
Nein sagen	63
Wege zum Körperglück	63
Ehe	65
Insekten	66
Glückskekse	66
Chemnitz und die Folgen	68
Leben ist Veränderung	71
Ein Sommer, der nicht enden will	72
Schnäppchenjagd	73
Ein Geschenk	73
Ruhestand und Ehrenamt	74
Nur für sich da sein	75
Sonne	75
Unsere Region	76
Rudern	77

Frühherbst 78

Programm 79

Ideen 80

Blauer Montag 80

Gelassenheit 81

Oktober 81

Werden und Vergehen 83

Oasen der Ruhe 84

Ravensburg 84

Kofferpacken 85

Erlebte Zeit 87

Ruhezeit 87

Die Zeit vergeht wie ein Sturm 88

Ein Erbstück 88

Vorfreude 89

Geduld ist schwer 90

Probleme 91

Abschied 92

Generation 50 plus? 93

Selbsterkennen

Es liegt an uns selbst, wie schwer wir es nehmen, was uns widerfährt. Wir können uns in ein Unglück hineinsteigern – oder es als Herausforderung deuten, an der wir wachsen können. Das Glück liegt in unseren Herzen, w i r haben die Wahl. Schönes, Gutes, Liebes wird alles überdauern.

Prolog

Sage nicht: »Wenn ich Zeit habe …« Vielleicht hast du nie Zeit dazu.

»Wenn nicht jetzt – wann dann?« (Aus dem Talmud)

Wer sich eine A u s z e i t nimmt, kann überraschende Momente des Glücks erleben. Es gibt zahlreiche Möglichkeiten, sich eine Pause vom Alltag zu gönnen.

Wunderschöne Auszeit-Erfahrungen durfte ich auf Teneriffa erleben. Auch die Bodenseeregion direkt vor meiner Haustür bot mir viele Gelegenheiten für erholsame Auszeiten.

Eine Auszeit regt zum Nachdenken an. Es melden sich Wünsche, Träume, Sorgen und Erinnerungen, die aufgeschrieben werden wollen.

Meine Auszeit-Erfahrungen haben mich zu diesem Buch inspiriert.

Es versammelt Gedanken über das Glück, die Heimat, das Älterwerden, den Glauben und viele andere Themen, die mich derzeit beschäftigen.

*

Die Nebelschwaden im Herbst können schwere Gedanken und Gefühle hinterlassen. Doch unverhofft kommt die Wende, wenn die Sonne durchbricht, der Frühling beginnt.

Träumen überm Tal

An meinem Geburtstag, am 3. März 2018, nahm ich mir eine Auszeit. Ich wollte den Kopf frei kriegen, neue Energie tanken und wieder zu Atem kommen. Das Wellnesshotel »Tanneck« in Fischen im Allgäu wurde mir zu einem unvergesslichen Erlebnis. So ganz konnte es wohl keiner begreifen, dass ich meinen Geburtstag alleine verbringen wollte.

Ich reicherte das Ganze mit einem Schuss Aktualität an. Ich konnte sechs Tage, rund um die Uhr, das Verwöhn-Programm genießen. Es gab Anwendungen, von denen ich zuvor nie etwas gehört hatte. Ich denke da nicht an Kosmetik, die es überall um die Ecke gibt. Auf der Dachterrasse oder auch im Liegeraum mit wunderbarer Aussicht über das ganze Tal gab es Gelegenheit, sich zu entspannen. Das ganze Umfeld war für mich Bewunderung und Staunen.

Von meinem Fenster aus konnte ich das Leben und Treiben auf der Skipiste beobachten. Der Wald war gleich hinter dem Haus. Da es »Funkensonntag« war, gehörte das »Funken-Verbrennen« zum Abendprogramm.

Es fehlt mir nicht an gemeinsamen Aktivitäten. Ohne Zweifel: An Vertrauen, Zusammenhalt und Freundschaft mangelt es mir nie und nirgends. Für eine treue Freundschaft gibt es keinen Preis, nichts wiegt ihren Wert auf.

Trotzdem genieße ich gerne die Ruhe und nehme mir auch Zeit für mich. Meine größten Erlebnisse sind nicht die lautesten, sondern meine stillen Stunden.

Vor allen Dingen hat sich durch den Glauben in meinem Leben viel verändert.

Auch wenn man älter wird, kann man einiges tun, um das eigene Leben aktiv zu gestalten. Man sollte es nur einmal versuchen, die Liste der Möglichkeiten ist groß. Das Tolle am Älterwerden ist: Man kann in jeder Lebenslage besser mit der Welt und sich selbst umgehen. Sich selbst zu verändern macht Spaß und erlaubt das Gefühl der Selbstwirksamkeit. Man ermächtigt sich selbst, mehr den eigenen Interessen nachzugehen – man gestaltet. Das ist ein großartiges Gefühl. Heute muss ich nicht mehr alles machen, was machbar ist, sondern kann sortieren und gezielter auswählen, was mir wichtig ist.

Leben lernen

Immer wieder begegnet man Menschen, die von Arzt zu Arzt gehen, weil sie meinen, schwer krank zu sein. Manchmal ist es so, dass sie nur mit sich selbst und dieser wunderschönen Welt nichts anfangen können.
Ich kenne viele, die öfter mal bewusst und sorglos im Hier und Jetzt leben möchten. Leben muss man das ganze Leben lang lernen.

Sprache und Schrift

Natürlich können nicht alle sagen und aufschreiben, was sie in ihrem Leben erfahren haben. Einigen fällt es schwer, über ihre Sehnsucht, ihre Liebe und ihre Träume zu schreiben. Sprache schafft viele Veränderungen. Schrift ist wie ein Radiergummi, der das Material vergessen macht und die Fantasie anregt. So teilt sich die Magie von Sprache und Schrift, von Idee und Umsetzung dem Betrachter unmittelbar mit. Eine neue Sprache zu lernen, ist etwas Wunderbares. Im Alter, etwa ab 60, einen Sprachkurs zu besuchen, bringt nicht nur Freude und Freunde, es bringt auch Bewunderung und ein großartiges Gefühl.

Golf

Wer sich als Golfspieler outet, über den werden sofort dumme Witze oder blöde Sprüche gemacht. Leider wird Golf in Deutschland nach wie vor als elitär angesehen. Schon lange lockte es mich, einmal mitzumachen und diesen Sport auszuprobieren. Da hat leider mein Mann nie mitgezogen. Es blieb bei einem Wunschdenken. Auf Golf komme ich, weil es trotz der Wasserknappheit auf Teneriffa sehr viele Golfanlagen gibt, die hauptsächlich von den Deutschen bevorzugt werden.

Heimat

Heimat ist dort, wo man geboren wurde und die Muttersprache gesprochen wird. Ich bin in Ostpreußen aufgewachsen, die allerschönsten Jahre in meinem Leben waren meine Kinderjahre. Jetzt im Alter kann ich wieder und ganz besonders davon zehren. Eines Menschen Heimat ist auf keiner Landkarte zu finden. Nur in den Herzen der Menschen, die ihn lieben.

In den Achtzigerjahren haben mein Mann und ich mit großer Freude eine Fahrt in meine alte Heimat Wormen unternommen. Dabei haben wir einen praktischen und guten Beitrag zur Völkerverständigung leisten dürfen.

Anmerken möchte ich, dass wir eine Übersetzerin aus Elbing mitgenommen hatten, eine Deutsche, die mit einem Polen verheiratet war.

Ich weiß nicht genau, ob ich erfreut oder nur traurig war, als ich mein Elternhaus besuchte. Die heutigen Besitzer, Daniel und Zofia, haben uns freundlichst aufgenommen. Alle Kindheitserinnerungen wurden wach, die ich vorher schon begraben hatte.

Meine Eltern waren Großgrundbesitzer. Wir hatten wohl den schönsten Bauernhof in Wormen, Kreis Rastenburg. Für seine Pferdezucht war mein Vater überall bekannt. Es waren Trakehner Stuten, deren Fohlen schon gefragt waren, bevor sie auf der Welt waren. Die polnische Familie – schon die Generation vor den netten Leuten, die wir kennenlernen durften – hatte vieles so übernehmen können, wie meine Eltern es verlassen mussten. Daniel und Zofia war anzumerken, dass auch sie traurig waren, Schuldgefühle kamen auf. Der Bäuerin flossen sogar die Tränen.

Der Überraschungsbesuch war uns gelungen, mir selbst schlug mein Herz bis über beide Ohren. Damals waren die Polen noch nicht mit Wohlstand gesegnet, deshalb konnten wir ihnen mit allen Geschenken, die wir einfach nur mal so mitgenommen hatten, große Freude bereiten.

Rund 50 Jahre nach Kriegsende überfielen mich die Gedanken an die schwere Zeit, den großen Trümmerhaufen und das unendliche Leid, das meine geliebten Eltern in hohem Maße erleben mussten. Sehr jung sind meine Eltern, wohl hauptsächlich an gebrochenem Herzen, gestorben. Erde aus dem Garten in Wormen hatten wir mitgenommen und auf ihrem Grab in Bavendorf verteilt.

Schwaben

Man möge es belächeln, aber der Volksmund sagt: »Gottes schönste Gabe ist der Schwabe.«

Dazu fällt mir auch noch dieser Witz ein: Was sagt ein Schwabe, der seine Verwandten und Freunde zu sich einlädt? »Kommt doch bitte nach dem Kaffee, dann seid ihr zum Abendessen wieder daheim!«

Ist das nur witzig oder auch zutreffend? Dass die Schwaben tüchtig sind und darauf achten, ihr Geld zusammenzuhalten, kann durchaus ein Vorteil sein. Es ist doch so, dass Baden-Württemberg und auch Bayern unsere wirtschaftlich florierenden Bundesländer sind.

Älterwerden

J ü n g e r e Menschen haben oft ein falsches Bild vom Alter. Das Älterwerden kennt Mühen, von denen Jüngere nichts wissen können. Sie können sich nicht vorstellen, wie das Altwerden verläuft, besonders im letzten Viertel des Lebens. Viele Fragen treten auf, z. B.: Wann ist der richtige Zeitpunkt, den Führerschein abzugeben?

Nach einer Studie schätzen Senioren ihre Lebensqualität selbst deutlich besser ein als Jugendliche und Erwachsene im mittleren Alter. Das Altersbild der Jüngeren deckt sich nicht mit dem eigenen Erleben der Älteren, ergab eine INSA-Studie im Auftrag des Deutschen Instituts für Altersvorsorge. Gerade mal jeder Zweite meint, dass es den Menschen im Rentenalter gut geht. Je jünger die Befragten, desto seltener wird die Lebensqualität im Alter als gut eingeschätzt. Unter den 18- bis 29-Jährigen sind nur 44 Prozent der Meinung, dass es den Senioren gut gehe. Diese wiederum sehen ihre eigene Situation laut Studie häufig ganz anders. Von den 70- bis 79- Jährigen bezeichneten 61 Prozent ihre Lebensqualität als gut. Erst mit zunehmendem Alter wird diese Einschätzung weniger positiv, wahrscheinlich weil Krankheiten und Pflegebedürftigkeit öfter auftreten. Am häufigsten wird die Lebensqualität der mittleren Altersgruppen als gut bewertet. Vier von fünf Befragten schätzen sie als gut ein.

Ich bleibe bis ins hohe Alter neugierig, was der Tag und die Welt bringt. Ich genieße Spezialitäten vom Konditor, gutes Essen, Konzerte, Veranstaltungen und gute Gespräche. Ich fasse Zusammenhänge und Gedanken humorvoll und mit

Witz verpackt in Worte, mit denen ich meine Umgebung zum Lachen und auch zum Nachdenken bringe. Regelmäßig gehen mein Mann und ich tanzen, wir tun dies gerne zu unserem Wohle. Dadurch werden die Gehirnregionen, die fürs Gleichgewicht und fürs Lernen zuständig sind, aktiviert. Am wirksamsten ist diese Therapie, wenn es einen Mix an Rhythmen gibt.

Bei gemeinsamen Ausflügen ist die Welt immer in Ordnung. Wir planen nicht mehr so weit im Voraus. Es hat sich gezeigt: Der Mensch denkt, Gott lenkt! Allein im letzten Jahr mussten wir von drei Freundinnen Abschied nehmen. Mein Schwager Hans wurde im Oktober 2017 von seinem Leiden erlöst. Im Heim wurde er bis zuletzt bestens betreut. Hans geht es jetzt gut, er war an Alzheimer erkrankt.

Jahreswechsel

Manche Frage meldet sich, was das neue Jahr 2018 wohl bringen wird. Auch bei mir kommt Angst in meinem Herzen auf. Sehr wünsche ich mir, dass meine Mitmenschen gesund bleiben.

Ich versuche zu verstehen, dass wir weder die Vergangenheit ändern noch die Zukunft bestimmen können. In der Gegenwart sollten wir jeden Moment bewusst erleben!

Politisch gesehen würde ich mir wünschen, dass sich die Stimmung in Deutschland wieder ein wenig beruhigt. Die Menschen sollten erkennen, wie gut es uns hier geht. Keiner muss um den Wohlstand bangen, wenn ein Mensch aus der Ferne zu uns kommt, der Hilfe benötigt.

Zukunft und Hoffnung, das ist genau das, was wir brauchen, was wir uns wünschen. Aber wo sollen die noch herkommen, wo es uns gerade so schwer fällt, unserer Zukunft etwas Positives abzugewinnen?

Phil Bosmans hat gesagt: »Ich glaube an Gott, so wie ein Blinder an die Sonne glaubt, nicht weil er sie sieht, sondern weil er sie fühlt.« Dem kann ich nur zustimmen!

Reformationsjubiläum

2 0 1 7 wurde das Reformationsjubiläum gefeiert. Es gab einen Ökumenischen Veranstaltungskalender hier bei uns in Friedrichshafen.

Am 12. März feierten wir in der Nikolauskirche einen ökumenischen Bußgottesdienst: »Heilendes Erinnern. Was haben wir uns angetan?« Nach 500 Jahren sprachen wir vor Gott aus, was wir als evangelische und katholische Christen einander angetan haben und wo wir durch unsere Uneinigkeit dem Evangelium im Weg gestanden sind. Unter den älteren Mitbürgern beider Konfessionen sind noch manche belastende Erinnerungen lebendig. Auch ich, die ich in Ostpreußen geboren und in Schleswig-Holstein in den Konfirmandenunterricht gegangen bin, wurde von den zuständigen Pfarrern angesprochen und gebeten, etwas darüber zu erzählen, wie ich den evangelischen Glauben kennengelernt habe.

*

M e i n   B e i t r a g in der katholischen Nikolauskirche: Ich lebte nur mit evangelischen Christen zusammen. Glaube es, wer will, erst mit 13 Jahren erfuhr ich, dass es überhaupt Katholiken gibt. Während des Krieges hatten wir in meiner Heimat keinen Religionsunterricht. Ich besuchte in Preetz die Mittelschule – heute Realschule – und in unseren beiden Klassen gab es nur e i n e katholische Mitschülerin, Brigitte, die dann in Kiel zur Kommunion ging, nachdem sie Besuch von einem Pfarrer aus Kiel bekam. Alle anderen in den zwei Klassen, selbstverständlich auch ich, gingen zu dem Zeitpunkt in den Konfirmandenunterricht. Brigitte schämte sich, katholisch zu sein, und ich als Freundin musste ihr fest versprechen, dass ich alles für mich behalte, was sie mir anvertraue. Das Kleid bekam Brigitte von der katholischen Kirche, das Festessen wurde gemeinsam in Kiel eingenommen. Ich nehme an, es war der Weiße Sonntag 1949? Jedenfalls, am Montag kam Brigitte wieder in die Schule, fröhlich wie immer. Niemand der Mitschülerinnen und Mitschüler erfuhr etwas von ihrem großen Festtag. Das war damals in Schleswig-Holstein.

Wenn Engel lachen

Am 27. Januar 2017 fand die erste Lesung in unserem Gemeindehaus statt. Pfarrer Fabian Vogt erzählte, wie Katharina von Bora ihren Martin Luther auf Trab brachte. Sein Vortrag war einmalig gut. Wer nicht dabei war, hat echt etwas versäumt. Herrn Vogts Buch »Wenn Engel lachen. Die unverhoffte Liebesgeschichte der Katharina von Bora« kann ich nur empfehlen.

Luthers Botschaft war: »Allein durch die G n a d e, allein durch den G l a u b e n.«

Die Barmherzigkeit Gottes ist wie der Himmel. Unter diesem Dach sind wir sicher.

Aber auch Luther hatte die menschliche Angst, Gefühle und manchen Kampf. Er bezeichnete sich selbst als einen armseligen Bettler. Er war trotzig, aber auch lustig. Zuversicht hat ihn sehr fröhlich gemacht.

Luther-Rebell Gottes

Auch als Luther immer mehr Anhänger gefunden hatte, war er ein Geächteter, der auf dem Scheiterhaufen hätte landen können.

Er liebte Musik und dichtete Texte zu »Schlagern« seiner Zeit. Choräle und Lobpreise, Posaunen und Kirchenchöre sind aus dem Gottesdienst nicht mehr wegzudenken.

Ja, Kirche in Bewegung. Die Reformation hat die Kirche verändert. Eine Kirche der Reformation sind wir, wenn wir auch heute zur Veränderung bereit sind. Neue Herausforderungen brauchen eine Kirche in Bewegung.

Die Losung unserer Kirche für das Reformationsjubiläum macht uns Mut, zu unserem Glauben an Jesus Christus zu stehen, setzt aber auch Maßstäbe für den Umgang mit anderen Konfessionen, Religionen und Weltanschauungen. In Glaubensfragen darf es k e i n e B e v o r m u n d u n g geben!

Einladungen

Es gab viele Einladungen zum J u b i l ä u m s j a h r. Ein ganz besonderes Ereignis war der Festgottesdienst unter freiem Himmel auf dem Bodensee. Prälatin Gabriele Wulz hielt die Festpredigt zum Thema »Da ist Freiheit. Befreit zum Lob Gottes«. Man kann sich denken, dass es keinen freien Platz mehr gab auf der Fähre »Euregia«. Für die musikalische Gestaltung sorgten Posaunenbläser aus Friedrichshafen und ganz Oberschwaben. Die Leitung übernahm zufällig eine Cousine von meinem Mann, Roswitha Scheck. Für Kinder gab es ein besonderes Programm.

Eine weitere Einladung lautete: »Alle feiern 500 Jahre Reformationsjubiläum – wir auch«. Am 23. Juli fand ein ganz besonderes Gemeindefest statt, zu dem a l l e Einwohner der Stadt zum Mitfeiern eingeladen waren.

Christlicher Glaube setzt selbständiges Denken voraus. Christen sind überzeugt: Jede und jeder muss zu eigenem Glauben kommen, denn Glauben ist mehr als Glaubenssätze nachsprechen. Selbstständiger Glaube braucht Bildung. Die Bildungsoffensive, die von der Reformation ausging, war vermutlich ihre folgenreichste gesellschaftliche Wirkung. Selbstverständlich setzen wir uns auch heute dafür ein, dass jeder Mensch eine gute Bildung erhält. S e l b e r denken ist das beste Gegenprogramm gegen F u n d a m e n t a l i s m u s.

Trennung von Staat und Kirche

Die reformatorische Theologie unterscheidet die Aufgaben von Staat und Kirche klar voneinander. Die Politik soll das äußere Leben der Menschen regeln und dem Frieden dienen. Aus Fragen, die die Seele betreffen, muss sie sich unbedingt heraushalten – so wie die Kirche selbst keine weltliche Macht ausübt. Der Machtverzicht der Religionen und der Religionsverzicht der Politik befördern ein friedliches Miteinander der Religionen.

Selbstverständlich tragen beide – auf ihre Weise – Verantwortung für das Gemeinwohl. Zum Beispiel bei der Bekämpfung von Armut.

Ja, in Friedrichshafen gibt es sogar einen Ort der Begegnungen und des Austausches unterschiedlicher Kulturen. Ein offener Raum für alle, die Lust haben, sich zu treffen, sich bei Kaffee und Tee zu einem bestimmten Thema auszutauschen. Dort treffen sich Menschen aus Friedrichshafen, Zugezogene und Menschen aus aller Welt, die am Bodensee gelandet sind, um gemeinsam zu plaudern.

Glücksgefühle

Was passiert im Gehirn, wenn wir uns glücklich fühlen? Der Neurowissenschaftler Prof. Christof Kessler hat darüber ein Buch geschrieben. »G l ü c k s g e f ü h l e« steht auf der Longlist für das beste Wissenschaftsbuch 2018.

Aus Sicht der Hirnforschung hängt das Erleben von Glücksgefühlen sehr eng mit Motivation und Belohnung zusammen. Es gibt im Gehirn ein spezielles Zentrum, das »Belohnungs- und Motivationssystem«, welches dafür sorgt, dass wir in bestimmten Situationen Glück empfinden. Wenn wir etwas Schönes erleben oder eine Aufgabe bewältigt haben, signalisiert uns dieses Zentrum: »Gut gemacht«, und es wird das Glückshormon Dopamin ausgeschüttet. Im Ergebnis fühlen wir uns stolz und glücklich und besonders wichtig. Kann man Glück üben? Gibt es Methoden, sich glücklich zu fühlen?

Denken macht unglücklich. Das klingt zwar absurd, ist aber in den Neurowissenschaften erwiesen. Das Gehirn hört niemals auf zu arbeiten, es rattert und rattert und findet keine Ruhe. Genau daran liegt es, dass wir so viele schlaflose Nächte haben. Dieses Grübeln ist eng verbunden mit dem Gefühl des Unglücklichseins. Was können wir dagegen tun? Wir können unser Gehirn nur durch Unterbrechung dieses Teufelskreises zur Ruhe bringen. Wir schauen uns einen Gegenstand, z. B. eine Blume, genau an. Diese Technik der Achtsamkeit beginnt auch dort, wo wir ein Buch lesen oder bewusst Musik hören. Viel Medienkonsum, z. B. durch Internet und Fernsehen, überfordert unser Gehirn und macht uns unglücklich. Alle, die schlecht schlafen können, sollten vielleicht einmal das Buch von Prof. Kessler kaufen und lesen?

Tiefen

B e r u f und F a m i l i e sind Geschenke, für die wir natürlich auch dankbar sein müssen.

Es gibt Zeiten, in denen wir krank werden vor Sorgen und Aufregungen. Aber zum Glück gibt es auch Zeiten, wo alles glatt läuft.

Mein Mann und ich verbrachten im Herbst 2017, wie jedes Jahr, einige Wochen auf Teneriffa. Als wir im Dezember nach Friedrichshafen zurückkehrten, erreichte uns gleich am nächsten Tag ein Anruf aus Bad Krozingen. Wolfgang, der Lebenspartner meiner Schwester Ingrid, hatte schon die zweite Herzoperation hinter sich, somit musste er meine stark an Demenz erkrankte Schwester in eine Kurzzeitpflege geben.

Im Gustav-Werner-Stift in Friedrichshafen fühlte sich Ingrid von Anfang an sehr wohl, sie meinte, sie wäre zu Hause. Wir besuchten sie regelmäßig und waren froh und dankbar, dass es dieses Heim gibt. Wir waren glücklich, dass unser Besuch immer eine große Freude für Ingrid war, sie erkannte uns und blühte jedes Mal richtig auf. Zudem war es die schöne Adventszeit.

Wolfgang rechnete damit, bald entlassen zu werden und seine Partnerin wieder in seiner Wohnung betreuen zu können. Leider kam alles anders. Wolfgang ist ganz plötzlich in der Reha verstorben, für alle kam es total überraschend. Es war ihm in den letzten Tagen sehr schlecht gegangen und er hatte mir nach einem langen Telefongespräch mitgeteilt, dass er wohl keine Kraft mehr haben würde, seine Lebensgefährtin zu versorgen. Er hätte bereits im Heim einen Antrag auf eine Daueraufnahme gestellt, die Pflegestufe wurde schon bestimmt und ab 1. Februar sollte Ingrid in diesem Haus nur noch das Zimmer wechseln.

Zum Glück wohnt in Vaterstetten bei München Ingrids Tochter Elvira, meine Nichte und zugleich Patentochter. Elvira kam eines Morgens ins Heim, um ihrer Mutter beim Umzug in ein anderes Zimmer zu helfen. Sie wollte auch gleich alle Formalitäten regeln, die für einen Pflegefall im Altenheim erforderlich sind. Genau an diesem Morgen kam die Todesnachricht aus der Reha. Meine arme Schwester ist so krank, sie konnte diese ganze Aufregung gar nicht wahrnehmen.

Die Beerdigung war gut vorbereitet worden, von Wolfgangs Tochter und deren Familie, aber meine Schwester war total überfordert. An ihr ging alles vorbei!

Gleich einen Tag nach der Beerdigung bekam Ingrid einen Heimplatz ganz in der Nähe ihrer einzigen Tochter. Rein zufällig wurde im AWO Seniorenzentrum in Kirchseeon ein Zimmer frei, ganz in der Nähe von Vaterstetten.

Inzwischen ist die Ärmste zweimal hingefallen. Erst erlitt sie einen Oberschenkelhalsbruch am rechten Bein, dies mitten in der Nacht. Drei Wochen später ist sie wieder hingefallen, sie weiß ja nicht, dass sie nicht laufen kann und darf. Prompt erlitt sie am linken Bein den gleichen Bruch; danach folgte noch eine dritte Operation. Entsetzlich nicht nur für die arme Kranke, auch für die Tochter mit Familie, ja für uns alle! Meine Nichte erzählte mir, dass man das Gitter am Bett entfernen musste, da Ingrid darüber kletterte. Meine

Schwester hatte ein Leben lang Sport betrieben und meinte, sie würde das dann wohl auch schaffen.

Es folgten schon nach kurzer Zeit zwei weitere Operationen, diesmal an den Handgelenken. Kaum zu glauben, meine Schwester sitzt jetzt zwar im Rollstuhl, ist tief traurig, aber körperlich gesund.

Die Vierzimmerwohnung von Ingrid in Friedrichshafen war so vollgestopft, dass wir mit vier Personen den Sperrmüll runtertragen mussten. Zum Glück half mein Mann auch kräftig mit. Viel musste ja mit dem Auto entsorgt werden. Das Rote Kreuz hat sich über acht große Säcke Textilien gefreut. Doch die Wohnung ist noch immer voller Möbel, obwohl die neue Mieterin schon darauf wartet, einziehen zu können.

Danach habe ich mich gefragt: Wann fangen w i r endlich mit dem Aufräumen und Durchlüften an? Weniger ist oft mehr, Loslassen befreit. Auch das innere Aufräumen ist von Zeit zu Zeit wichtig. Wie ungern trennen wir uns von etwas Gewohntem, wie träge sind wir beim Ausmisten. »Das könnte ich eigentlich wegwerfen«, nehmen wir uns vor. Manchmal helfen oben geschilderte Situationen, uns radikal ans Umdenken zu erinnern.

Zu solchen Zeiten lädt uns Gott ein, alle unsere Sorgen, unser ganzes Leben vor ihn zu bringen, es mit ihm zu besprechen. Um solche Tiefen durchzustehen, braucht man wahrhaftig viel Kraft. Wenn man nur noch mutlos durch das Leben hetzt, verliert man sehr schnell alle Kraft.

Auszeit-Träume

Einmal s ü d l i c h berührt, bleibt man ein Leben lang auf der Suche nach Quellen von Südlichkeit.

Der Winter 2017/18 war nicht nur in Friedrichshafen, sondern in ganz Deutschland besonders kalt und schneereich. Das Schlimmste am Winter ist für mich die Kälte, nicht der Schnee, der die ganze Landschaft verzaubert.

Mein Mann und ich haben uns über 20 Jahre lang den Wunschtraum erfüllt, den Winter auf der »Insel des ewigen Frühlings« zu verbringen. Jetzt, nach einer anstrengenden Zeit, kam mir der Gedanke: »Faulenze mal wieder, verplempere mal die Zeit ...« Ich beschloss, für drei Wochen alleine nach Teneriffa zu fliegen.

A u s z e i t e n sind so vielfältig wie Menschen einzigartig. Z e i t zu haben, ist etwas Kostbares.

*

Ich habe mal gelesen, dass faulen Menschen ein längeres Leben versprochen wird. Da staune ich doch sehr, dass ich so alt geworden bin. Rast und Ruhe waren mir kaum gegönnt. Als Mutter von drei lebhaften Kindern durfte ich mich immer sehr über den alljährlichen Familienurlaub freuen, der meistens nach drei Wochen beendet war. Da mein Mann ein vorbildlicher Autofahrer ist, konnte ich mich erholen, sobald ich im Auto saß und es ab in den Urlaub ging. Die Vorbereitungen waren aber immer stressig, die Mutter durfte ja nichts vergessen!! Erst als die Kinder erwachsen wurden und ihre eigenen Urlaubspläne hatten, konnten mein Mann und ich uns den Luxus leisten, die wunderschöne, große Welt kennenzulernen.

Auszeit-Aufbruch

Ein Aufbruch nach Teneriffa ist für mich nichts Ungewöhnliches. Wir zählen seit 23 Jahren zu den sogenannten Zugvögeln, die die Wintermonate auf der Insel verbringen und oft erst in die Heimat zurückkehren, wenn die Pollenzeit in Deutschland vorbei ist. Da ich zum Glück nur an Haselnuss- und Birkenpollen erkranke, können wir schon Ende April, Anfang Mai den Heimflug buchen. Den Frühling am Bodensee können wir genießen.

Auf unserer vertrauten und geliebten Insel grünt und blüht es das ganze Jahr hindurch. Wer die Kanaren nie besucht hat, fragt sich vielleicht: Wie kann man nur auf einer Insel mehrere Monate verbringen? Teneriffa hat weitaus mehr zu bieten als nur das Klima, welches das gesündeste auf der Welt sein soll. Schon auf dem Weg vom Flughafen nach Costa del Silencio lernt man, erst einmal zu vergessen, was hinter einem liegt. Dann wirkt die Landschaft wie eine große Absolution von allem Gewesenen. Roter Klatschmohn, Schatten spendende Zypressen, blühender Oleander und flammende Ginsterbüsche. Zahlreiche blühende und nicht blühende Pflanzen weisen den Weg nach Costa del Silencio. Das Leben wird leichter beim Genießen der Natur. Körper und Geist werden neu belebt. Die Erholung kann sofort beginnen.

Glücksmomente

Studien zeigen, dass der Blick aufs Wasser und das Rauschen des Meeres im Gehirn elektrische Aktivitätsmuster auslösen. Kein Wunder, dass ich am Meer so relaxed bin. Meerblick, Wellen verringern Sorgen, Ängste und Schmerzen. Glück ist, da sein zu wollen, wo ich jetzt bin. Glück ist ein kornblumenblauer Himmel. Glück ist, wenn man die Mondsichel noch blinzelnd über dem Meer sieht. Glück ist, etwas zu beginnen, was keinen Nutzen hat: Klavierspielen, Malen, Steine und Muscheln sammeln am Meer. Dem Hereinbrechen der Dämmerung zuzuschauen. Einen geheimen Ort zu entdecken. Glück ist, etwas Ersehntes zu bekommen, leichten Herzens zu sein, wenn die Sonne länger scheint. Glück ist, zu lieben und geliebt zu werden. Plötzlich und unerwartet laut zu lachen. Großes Glück erfährt, wer Engstirnigkeit aufgeben kann. Wem ist schon das Glück beschieden, keine Angst vor dem Sterben zu haben? Glück ist, gewahr zu werden, dass hier noch tausend andere Dinge stehen könnten.
Ja, man kann aber nicht immer gut drauf sein. Auch ich lass es zu, dass ich manchmal schlecht gelaunt bin.

Ein Regenbaum,
der auf wundersame Weise Regen brachte

2018: Insgesamt 13 Monate hatte es im Süden Teneriffas nicht mehr geregnet. Im Skulpturenpark der Gernot Huber-Stiftung ließen sogar die Kakteen die Ohren hängen. Und, was noch nie passiert war, die Tabaibas, Wolfsmilchgewächse, deren Blätter normalerweise im Herbst sprießen, waren noch im Februar blattlos. Das ließ den Bildhauer Gernot Huber, Gründer des Parks, nicht ruhen. Er schuf einen Regenbaum, um Petrus zu betören und wie bei den Naturvölkern durch Rituale Regen herbeizurufen. Sofort hatte der Himmel ein Einsehen und bedachte den Park über viele Tage mit 90 Litern Wasser pro Quadratmeter. Man kann es kaum glauben, aber der Baum steht da, gefertigt aus schwungvoll gebogenem Stahl und vom Wind bewegten Wasserkanistern, die wie Regentropfen nach einem Gewitter aussehen. Einige Tage später schoss das Grün zwischen den rund 100 im Park existierenden Skulpturen heraus, sogar der Berglavendel, der normalerweise um diese Zeit üppig blau blüht, trieb wieder aus – was wie ein Wunder war. Am 8. April wurde die Wintersaison 2018 geschlossen. Beginn der nächsten Saison ist November. Wie es grünt und blüht, davon kann sich jeder Besucher überzeugen. Überhaupt ist ein Besuch im S k u l p t u r e n p a r k sehr zu empfehlen.

Ankunft

Teneriffa ist mir schon vertraut. Trotzdem breche ich jedes Mal in eine ungewisse und aufregende Zukunft auf, die mit Freude und Erwartungen verbunden ist. – Vielleicht werde ich auf der Insel zu einer Tagträumerin?

*

Schon auf der Gangway veränderte sich mein Leben. Es war später Nachmittag, als ich ankam, und ein warmer, süßer Wind wehte über dem Flughafen. Als ich festen Boden unter den Füßen spürte, überkam mich eine nie gekannte Entspannung. Kaum hatte ich die Costa del Silencio im Süden Teneriffas erreicht, spürte ich den Wind um meine Ohren. In den Tagen der großen Hitze hatte es leider keinen Regen gegeben. Die Sonne versank langsam hinter dem Horizont. Es war, als könnte sie sich nicht losreißen von dem Land, über dem sie einen ganzen Tag lang gestanden war, ohne sich zu bewegen. Ich ging gleich ans Meer. So wie am Himmel einige kleine weiße Wolken trieben, so tanzten weiße Schaumkronen über dem Wasser. Ich war angekommen.

In der Ferienwohnung stand zum Glück eine Flasche mit frischem Trinkwasser bereit. Alles war sehr sauber geputzt worden, von unserer guten Fee. Das Bett war so einladend für mich hergerichtet und ich dachte sofort: Ja, hier können sich die leeren Batterien auffüllen. Ich hoffte, die lähmende Müdigkeit würde bald verschwinden und ich würde wieder Lust haben, an meinem angefangenen Buch weiterzuschreiben. Viele Dinge geschehen, weil die Stimme meines Herzens mir dazu rät.

Ostern auf Teneriffa

Am Ostersonntag fuhr ich rechtzeitig mit dem Bus zum Gottesdienst. Die Wiedersehensfreude war wie immer groß. Allerdings waren schon sehr viele Überwinterer abgereist. Zu

Ostern kehren sie meist in die Heimat zurück. Die Insel ist Treffpunkt vieler Nationalitäten.

Der Gottesdienst beginnt erst um 12 Uhr. Am Eingang werden alle Besucher persönlich von dem deutschen Pfarrerehepaar begrüßt. Schweizer, Österreicher, Holländer, auch Polen, eben alle Menschen, die Deutsch sprechen, sind zum Gottesdienst eingeladen, selbstverständlich auch Leute anderer Konfessionen. Sehr viele kennen sich durch die langjährigen Insel-Aufenthalte und sind Freunde geworden. Anschließend trifft man sich im »Haus der Begegnung«. Dieses Gemeindehaus ist Eigentum der evangelischen Kirche. Bei Kaffee und Kuchen oder auch bei Würstchen oder Gulaschsuppe lernt man sich kennen. Urlauber, die erstmals auf der Insel sind, fühlen sich gleich wohl und kommen sicher bei nächster Gelegenheit wieder. Das gepflegte Haus liegt direkt am Meer. Täglich gibt es Veranstaltungen. Spanischunterricht darf natürlich nicht fehlen. Freitags beim Spielenachmittag kann es sein, dass sich mehr als 30 Personen um die Tische herum versammeln. Es gibt nicht nur Schach und Skatspieler, für jeden ist etwas dabei.

An Ostern wurde ich eingeladen, zusammen mit vielen alten Bekannten und Freunden zum Mittagessen in ein auserwähltes Lokal zu gehen. Nach zwei Stunden Sonne am Meer brachte mich meine Freundin Margrit zurück zum Busbahnhof.

*

Vom ersten Tag an habe ich es genossen, in den Tag hinein zu leben. Dass mich der Alltag in Deutschland bald wiederhaben würde, daran verschwendete ich keine Gedanken. Ist Gelassenheit ein Gewinn, wenn man älter wird?

Es war der Mond

Ich rechnete in meinem Kopf, ob es schon wieder so weit war, dass der Vollmond die Gezeiten und die Menschen beeinflussen würde. Ich trat hinaus und blickte auf das offene, tobende Meer. Bis zum Horizont hin hatte es, wie der Himmel, seine Farbe gewechselt.

Wenn Vollmond ist, sieht es auf den Straßen oft so aus, als hätte man eine Horde Geisteskranker aus der Klinik entlassen. Viele Passanten haben diesen glühenden, stechenden Blick, der immer dann in den Menschengesichtern zu beobachten ist, wenn der Mond voll und rund am Nachthimmel steht. Auf den Polizeistationen kann man ein Lied davon singen: Bagatelldelikte nehmen bei Vollmond sprunghaft zu. Ich hörte davon, dass viele Chirurgen in Vollmondnächten nicht operieren.

Für mich sind Vollmondnächte entsetzlich. Vor vier Uhr morgens finde ich keinen Schlaf. Selbst eine Schlaftablette würde mir nicht helfen. Aber zugegeben: Ich bin am nächsten Tag überhaupt nicht müde, im Gegenteil, ich bin dann immer voller Tatendrang. Es ist bedauerlich, dass diese Wirkungen so wenig im allgemeinen Leben Beachtung finden – ja sogar meistens verlacht werden.

Mit dieser Mondphase habe ich hoffentlich meine Unruhe abschließen können. Beim nächsten Vollmond bin ich dann schon wieder zu Hause in Friedrichshafen.

Insellachen

»Pass auf, jetzt bekommst du gleich das Insellachen!« Eines Tages ging ich am Strand entlang und fing plötzlich an zu lachen, weil ich mich so unendlich wohl fühlte. Nie zuvor hatte ich davon gehört, dass es das Insellachen gibt: »Was für ein Duft liegt in der Luft und wieso ist der Boden so warm? Man könnte überall barfuß laufen ... Oh mein Gott, warum ist es so wunderschön hier?« Das ist Insellachen! Ich war verzaubert und bleibe es hoffentlich für den Rest des Lebens! Bei einem Vortrag erfuhr ich einiges über die große Kraft des Lachens – natürlich ein Thema für mich. Es ist erstaunlich: Kinder lachen scheinbar grundlos und sie lachen oft. Erwachsene hingegen lachen nur, wenn es einen Grund gibt, und deshalb wohl eher selten. Dabei hat das Lachen echte Sprengkraft. Es sprengt Grenzen zwischen Menschen unterschiedlicher Auffassung und sogar unterschiedlichster Kulturen. Und es kann sogar Grenzen in der Hierarchie sprengen. Lachen hat aber auch körperliche Aspekte, es trainiert zahlreiche Muskeln. Mittlerweile gibt es auch Lachtherapie und Lachyoga. Wir sollten die große Kraft des Lachens selbst am eigenen Leibe spüren.

*

Im Moment haben die K a t z e n in unserer Ferienanlage auch Glücksgefühle. Seit drei Nächten lässt mich das Katzengejammer nicht schlafen. Zu meinem Glück dauert es aber immer nur wenige Tage. Dann vergehen ein paar Wochen, bis die Katzenmütter ihre Jungen voller Stolz präsentieren.

Lebenseinstellung

»Am Ende des Tages«, sagt man, »wird die Gerechtigkeit siegen.« Ich denke bei diesem Spruch unwillkürlich an das Ende meiner Tage. In meinem Alter wird der Abstand zum Ende immer kürzer.

Dies gilt übrigens für alle Menschen. Es ist klug, immer zu bedenken, dass das Leben auf dieser Erde einmal ein Ende hat.

Aber was machen wir mit diesem Wissen? Macht es uns traurig, dass das Leben für alles, was man tun und erleben kann, doch viel zu kurz ist? Verdrängen wir diese Tatsache ganz einfach? Oder führt es uns zum Nachdenken, wie es nach dem Abschied von dieser Erde weitergeht? Wir sollten unser Leben so leben, dass wir nicht nach unserem Tod bereuen müssen, etwas Entscheidendes versäumt zu haben, z. B. die Botschaft im Neuen Testament ernst zu nehmen. Ein »weises Herz« lässt es nicht darauf ankommen.

An den Kindern erlebt man sein eigenes Leben noch einmal. Und erst, wenn sie erwachsen sind, versteht man es ganz und fragt sich manchmal: »Habe ich bei meiner Erziehung wirklich so viel vermurkst?«

*

Im Alter kann man eine bunte Vielfalt erleben. Doch das Alter wird nicht immer als Bereicherung gesehen, sondern sehr oft als Belastung. Leider schaffen es viele ältere Leute nicht, etwas Neues auszuprobieren oder sich einen langersehnten Traum zu erfüllen. Natürlich sollte man auch den Mut haben, »Nein« zu sagen, wenn man Zeit für sich braucht oder zu irgendeiner Aktivität keine Lust hat. Die Überzeugung, dass ich für vieles zu alt sei, habe ich längst über Bord geworfen. Welche Aktivitäten für einen passend sind, das muss jeder für sich selbst entscheiden. Bereichernd ist es im Alter, sich selbst nicht zu wichtig zu nehmen.
Glücksmomente erfahre ich, wenn ich anderen beistehen kann. Nächstenliebe kann so viel bewirken. Ob wir Kummer haben, krank sind oder uns freuen, es ist doch wunderbar, wenn wir das mit anderen teilen können. Was Glück ist – ja, darüber gibt es sicher viele unterschiedliche Meinungen. Ist es das kleine Glück, sich mit anderen über einen warmen Sonnenstrahl zu freuen, oder über das Konzert einer Amsel im Baum?
Meine Kindheit war wohl mein größtes Glück. Bis zu unserer Flucht aus Ostpreußen lebte ich wohlbehütet auf einem wunderschönen Bauernhof. Es gab nichts, was mir meine Eltern nicht bieten konnten. Auf und mit Pferden bin ich aufgewachsen. Bei dem Gedanken, das warme Fell eines Pferdes

zu streicheln und beim Traben den Wind auf den Wangen zu spüren, könnte ich heute noch jauchzen. Ich war ein ganz lebensfrohes Kind. Über die Flucht versuche ich keine Gedanken zu verschwenden. Woher nahm ich immer wieder die Kraft und den Mut, positiv zu denken?

Studien haben gezeigt, dass Menschen, die positiv d e n k e n und ein dementsprechendes Altersbild haben, zufriedener altern. Selbstverständlich wirkt sich eine gesunde Lebenseinstellung auch auf die Gesundheit aus. Mit Plänen und Ideen habe ich es auch geschafft, länger fit zu bleiben. Wer das Gefühl hat, etwas zu leisten, wer gebraucht wird, findet bald heraus, welche Aktivitäten passend sind. Undenkbar wäre es für mich gewesen, ohne ehrenamtliches Engagement – nach dem Berufsleben – alt zu werden. Dazu gehört natürlich auch, sich mit jüngeren Menschen zu umgeben. Der generationsübergreifende Austausch und das Wahrnehmen von Kontakten in altersgemischten Gruppen kann physiologischem Verfall entgegenwirken. Dazu hatte ich reichlich Gelegenheit im Kirchengemeinderat oder auch im Vorstand des Wohltätigkeitsvereines. Selbstverständlich kam die Zeit, aus Altersgründen, diese Aktivitäten jüngeren Menschen zu überlassen. Es war eine wunderbare Erfahrung für mich, ich kann heute noch davon zehren.

»Man muss das eine tun, ohne das andere zu lassen«, steht in Matthäus 23.

Fröhlich verändert und im Innern frühlingshaft, werde ich frisch von Teneriffa aufbrechen. Die widrigen Umstände, die es leider auf der Insel diesmal auch gab, möchte ich möglichst schnell vergessen – ja, das gehört zu meiner Lebenseinstellung.

Freundschaft

Viele Dinge geschehen, weil die Stimme meines Herzens mir dazu rät. Leider gibt es plötzlich Menschen, die das nicht verstehen bzw. nicht verstehen wollen oder können. Jahrelange Freundschaft wurde mit Füßen getreten. Ich habe bemerkt, dass ich bereit bin, jedes Risiko zu tragen, ganz egal, was dabei herauskommt.

Die Wahrheit ist ein Kleinod. Herz, Wahrheit und Liebe gehören zusammen. Oft nimmt man es mit der Wahrheit nicht so genau. »Schenk uns Wahrheit, schenk uns Mut«, darum kann man nur bitten. Nur im Hospiz ist bittere Wahrheit!!! Zum guten Glück kann ich diese Veränderungen dem zunehmenden Alter zuschreiben – ich habe höchstens Mitleid mit diesen einstigen Freunden. Es gibt kaum noch gemeinsame Wanderungen, die Einladungen zum Kaffeetrinken lassen nach, zum Eisessen gehe ich oft alleine und die gemeinsamen Spielabende in den einzelnen Wohnung werden immer weniger. Rund um die Uhr ist bei sehr vielen das Fernsehen angesagt. Schwimmen im hauseigenen Pool ist die größte Abwechslung.

Abflug

»Stress ade« von Christiane Hofmann-Burkart und Roland R. Geisselhart ist ein wunderbares Buch für die Urlaubszeit. Geeignet für Kinder und Erwachsene, für Frauen und Männer, ob man Christ ist oder auch nicht.

Diese Lektüre kann ich recht gut für die Zeit im Flugzeug empfehlen.

Bruno, der nette Mann, der mich zum Flughafen fuhr, konnte mich mit seiner fröhlichen und freundlichen Art echt begeistern. Noch nie hatte mich ein Taxifahrer mit meinem vielen Gepäck direkt bis zum Abflugschalter begleitet. Dort gab es allerdings ein kleines Problem.

Noch im letzten Moment war mir mein Blumenkarton mit 25 Strelizien und anderen Inselblumen zum Haus Chasna gebracht worden. Meine Freundin Lisa wartete eine ganze Stunde vor dem Haus auf der Bank, bis der Gärtner endlich kam. Also man kann sagen: in letzter Minute.

Es gibt zwei größere Anlagen. Das Haus Chasna »C«, in dem wir unser Eigentum haben, und auch Chasna »B«. Es sind nicht nur Ferienwohnungen. Die Spanier kaufen sich meistens bei der Heirat Eigentum. Sie sparen die monatliche Miete, nehmen dafür lieber einen Kredit auf, der im Alter längst abgezahlt ist. In Chasna »C« leben viele Nationen friedlich unter einem Dach. In Costa del Silencio gibt es hauptsächlich Ferienanlagen. In dem wunderschönen Park findet man Ruhe und Stille, dort ist es wie im Paradies. Ein Hotel befindet sich erst in dem 3 km entfernten Fischerdorf Las Galletas. Mindestens zweimal wöchentlich laufe ich dorthin, es gibt immer was zu erledigen. Das alte, kleine Städtchen ist ein Wohlfühlort. Zahlreiche Fußgängerzonen und die schöne Promenade am Meer laden immer zu einem Bummel ein. Banken, die Post, das Kulturzentrum, einfach alles, was auch die Urlauber benötigen, bietet unser kleines Städtchen. Vor allen Dingen ist man hier unter den netten

Einheimischen. In der Eisdiele »Valentino« sind die verschiedensten Kaffeespezialitäten und das Eis besonders lecker.

Zurück zum Flugplatz

Ich war nicht darauf eingestellt, dass die 4 kg Blumen zu meinem Freigepäck dazugerechnet werden. Und prompt war das Theater da. Ich musste für das Übergewicht zahlen, es halfen diesmal keine netten und freundlichen Worte. Aber ein weiterer Herr stand neben der Abfertigung, der dann so freundlich war und das Blumenpaket zu dem Sonderschalter brachte – er erkannte meinen Unmut und war besonders nett zu mir.

Ja, ich war schon lange nicht mehr ohne meinen Mann auf der Insel, zudem auch nur drei Wochen. Erst ab vier Wochen Inselaufenthalt hat man 30 kg Freigepäck. Zu zweit, also mit insgesamt 60 kg, hatten wir selbstverständlich noch nie ein Problem.

Aber die Freude ließ ich mir nicht nehmen, denn im Flugzeug saßen nette Leute, die direkt in unserer Nachbarschaft in Friedrichshafen wohnen. Es gab sehr interessante Gespräche, Teneriffa ist ihnen schon seit über 30 Jahren zur zweiten Heimat geworden.

Frühling

Der erste Tag daheim ist gleich ein Frühlingstag wie aus dem Bilderbuch: blauer Himmel, die Blütenpracht der Obstbäume, tolle Sicht auf den Bodensee und die Berge. Es gibt viele wunderschöne Aussichtspunkte in der Bodenseegegend, ja, im Frühling ist es besonders schön. Was der Sonnenschein für die Blumen ist, das sind lachende Gesichter für die Menschen!

Mein Mann Hermann ist inzwischen auch aus Berlin, wo er die Kinder besucht hat, zurückgekehrt. Meine wirklich erwähnenswerte Zugehfrau hat alles blitzblank geputzt – wie immer. Engel kann man nicht kaufen, aber man kann ihnen begegnen! Andere glücklich zu machen ist das höchste Glück, auch dankbar zu empfangen ist ein Glück.

Ich, die ich von fernen Ufern zum heimatlichen Ufer aufgebrochen war, werde mich hoffentlich verändert haben, um mit neuem Schwung zu Hause zu landen. Meine Absicht war es ja, eine A u s z e i t zu nehmen, nach den zermürbenden Ereignissen Anfang des Jahres in Friedrichshafen.

*

Meine Nichte, die wirklich überfordert war, hatte die Wohnung ihrer Mutter immer noch nicht total geräumt, als ich heimkam. Ich hatte nochmals Gelegenheit, ihr etwas beizustehen.

Mai

In der Woche nach Pfingsten machten wir einen ausgiebigen Ausflug. Erst fuhren wir zu lieben Verwandten nach Augsburg, ein Friedhofsbesuch zum Grab meiner besten Freundin stand längst an. Dann ging es weiter zu Freunden aus Ostpreußen, die in der Nähe von Landsberg wohnen. Später besuchten wir meine Schwester im Heim, die uns, wie vermutet, nur teilweise erkannt hat.

Unsere Tochter Heidrun war in Ulm zugestiegen. Obwohl mein Mann ein guter Autofahrer ist, war ich froh und dankbar, dass wir diese Reisebegleitung hatten. Es war eine wunderschöne Süddeutschlandreise im Mai, eine A u s z e i t , wie ich sie mir wünsche.

*

Ja, im Frühling ist es schon am schönsten. Allerdings muss man auch gesehen haben, wenn im Spätsommer links und rechts auf den Hopfenfeldern das grüne Gold in der Sonne blinkt. Ein Zwischenstopp im Hopfenmuseum oder eine Pause für einen guten Kaffee oder ein leckeres Eis sind immer empfehlenswert.

*

Bei einem Vortrag in Meersburg hinterfragte Arnd Brummer die Geschichtsüberlieferung und meinte: An der Basis ist die katholische Kirche längst evangelisch. Er stellte die

Wahrheit der Geschichtsüberlieferung infrage. Die Frage, was Geschichte, was Erfindung ist, stand immer im Raum.

*

Natürlich ist es immer interessant, Museen zu besuchen! Spazieren gehen bringt das Gehirn wieder in Balance. Experten behaupten, dass bei Depressionen ein halbstündiger Spaziergang täglich mehr hilft als Medikamente. Eine halbe Stunde pro Tag, das sollte man wohl schaffen? Spazieren hilft auch beim Verarbeiten von Niederlagen. Kreativität kommt beim Spazieren aus dem Unterbewusstsein – egal bei welchem Wetter.

Sommerzeit

2 0 1 8 stand nicht nur in Spanien die Sommerzeit auf dem Prüfstand. Die Uhrenumstellung soll innerhalb der EU neu bewertet, gegebenenfalls abgeschafft werden. Vor- und Nachteile werden genau unter die Lupe genommen.
Das EU-Parlament will die Sommerzeit kippen. Nach Expertenmeinung führt die Zeitumstellung in Spanien zu einem »Mini-Jetlag«, der vor allem Kinder und ältere Leute treffe. Wegen Übermüdung soll es infolge der Zeitumstellung auch mehr Verkehrsunfälle geben. Diese Beispiele zeigen, wie dringend dieses Thema ist.
Allerdings wurde die Änderung leider nochmals verschoben, es gab in Europa noch keine Einigung über die Abschaffung der Zeitumstellung.

Zu Hause

Meine Auszeit auf Teneriffa war eine Art Ankommen, Heimkommen und Runterkommen. Sie half mir zu verstehen, was alles in letzter Zeit passiert war. Da war es schön, wieder nach Hause zu kommen und mitteilen zu können, was ich so alles erlebt hatte.

»Was ist Heimat?«, frage ich mich im Moment. Wenn man sich eine Auszeit nimmt, hat man Gelegenheit, sich mehr mit diesem Thema zu befassen. Ist meine Heimat die Insel des ewigen Frühlings oder Friedrichshafen, ein wunderschöner Ort am Bodensee, dem ich mich verbunden fühle? Oder ist meine Heimat das Land, in dem ich geboren und aufgewachsen bin? Je schneller die Welt sich um uns dreht, desto größer wird die Sehnsucht nach Heimat in mir.

*

Bekanntlich macht Jammern krank, mich selbst und auch mein Umfeld. Jammern verhindert die Entfaltung der persönlichen Stärken und schadet letztlich dem Image.

»Das Schönste hier auf Erden ist, lieben und geliebt zu werden«, sagte Wilhelm Busch. Ich versuche es immer wieder, mich daran zu erinnern.

Ein Gänseblümchen, aus Liebe geschenkt, blüht schöner als jede Anstandsrose!

»Des Lebens Mai blüht einmal und nicht wieder«, hat Friedrich Schiller schon gesagt.

Ich mache Dinge, weil ich sie gerne mache, deshalb spielt Geld nicht die zentrale Rolle.
Es ist zum Teil meines Lebens geworden, dass ich immer etwas Kreatives tun muss.

Partnerschaft

Kein Mensch ist ohne Macken. Meiner Ansicht nach sollte man seinen Partner so akzeptieren, wie er ist, eben wie man ihn kennengelernt hat. In der ersten Verliebtheit nimmt man die Macken des anderen entweder nicht wahr oder sie stören nicht. Erst im Laufe der Zeit wird der Blick kritischer.
Viel zu viele Menschen neigen dazu, nach einiger Zeit nur noch auf das zu schauen, was sie stört, nicht mehr auf das, was sie am anderen mögen. Oft reden sie nur noch wenig mit ihrem Partner, oder auch gar nicht mehr. Ein Gedankenaustausch findet somit in der Beziehung kaum mehr statt. Wenn man sich an bestimmten Verhaltensweisen des Partners stört, ist es wichtig, sich in einem ruhigen Moment auszusprechen. Es gibt leider Charakterzüge, die man nicht ändern kann. Zwar können Menschen einzelne Verhaltensweisen ändern, aber der Charakter bleibt. Ein Chaot wird nie ein Pedant werden, ein ruhiger Mensch nie eine Stimmungskanone. Liegen die Positionen der Partner zu weit auseinander, funktioniert es leider zu oft nicht.
Dann hilft es manchmal, sich eine A u s z e i t zu nehmen. Das Schwelgen in Erinnerungen ist umso lustvoller, wenn ungewiss ist, wie die Geschichte ausgehen wird. Vielleicht

trägt es Früchte, noch rechtzeitig an Erinnerungen der Zukunft zu arbeiten? Schuld sind sowieso immer die anderen, meint man allzu oft. Doch nur Gerechtigkeit, Barmherzigkeit und Treue können zum Glück zurückführen.

Wir denken selten, wenn wir im Licht stehen, an Finsternis, wenn wir glücklich sind, an Elend, wenn wir Zufriedenheit fühlen, an Schmerz – aber umgekehrt jederzeit!

Man hat mir ein ausgezeichnetes Talent zur Freundschaft attestiert. Aufmerksam beim Zuhören und einfühlsam im persönlichen Gespräch.

Eiserne Hochzeit

Sich selbst etwas zu gönnen, ist eine Atempause für die Seele. Eine Tür zuschlagen, sich eine Auszeit nehmen, umschauen, einatmen, durchatmen.

Eine wunderbare A u s z e i t durfte ich zusammen mit meinem Mann zu unserem 65. Hochzeitstag erleben.

Unsere Enkeltochter Mareike lebt mit ihrem Mann Florian in der türkischen Stadt Bodrum. Im Fünf-Sterne-Hotel Kempinski Barbaros ist Florian Hoteldirektor. An Weihnachten lud uns Mareike – meine Mausi, unsere Enkelin – dazu ein, unseren Ehrentag, die Eiserne Hochzeit, bei ihnen im Fünf-Sterne-Hotel zu verbringen, was für uns überraschend und gar nicht selbstverständlich war. Florian bestätigte diese Einladung. Wir konnten es gar nicht glauben und erzählten es niemandem weiter. Selbst bei unserer Abreise im Juni wussten lediglich unsere drei Kinder von der außergewöhnlichen Einladung. Interessant, nur eine Freundin von mir konnte sich irgendwie erinnern und gratulierte zu unserem Hochzeitstag. Uns war es tatsächlich gelungen, unseren Ehrentag, den man wirklich als Geschenk ansehen darf, nur im kleinen Kreis zu feiern.

Die Hauptperson war unser dreijähriger Urenkel Luis. Dieses wunderbare kleine Geschöpf ist natürlich der Star beim gesamten Hotelpersonal – zumal er schon Türkisch spricht, Englisch sowieso und Deutsch mit den Eltern und den vielen Verwandten, die ständig in dem wunderschönen Haus zu Gast sein dürfen. Luis liebt auch Omama und Opapa, wie er uns nennt, abgöttisch. Ich durfte bei ihm schlafen. Er ist sehr selbstständig, wird natürlich rund um die Uhr bestaunt und bewundert. Vormittags geht der kleine Mann in einen türkischen Kindergarten, der allerdings ca. 20 km vom Hotel entfernt ist. Um 13 Uhr holt ihn seine Mama dort ab.

Nach dem gemeinsamen Mittagsschlaf konnten wir täglich unbeschreiblich schöne Stunden mit dem Kind verbringen. Wir gingen an den Hotelpool, der so riesengroß ist, dass man Luis dort kaum wiederfinden konnte. Natürlich wurde er von der Poolaufsicht stets beobachtet. Obwohl der kleine Kerl einen Schwimmgurt trug, hatte ich mich um ihn gesorgt. Das wunderbare, klare und grün leuchtende Wasser hatte auch mich zum Rumtoben eingeladen. Mit zwei kleinen Eimerchen ging der kleine Liebling in den Pool und die Wasserschlacht konnte beginnen. Nach einer halben Stunde hatte er sich immer noch nicht ausgetobt. Aus dem Whirlpool ließ er Omama und Opapa erst nach längerer Zeit raus. Obwohl eine Aufsicht anwesend war, hat das Kind alles selbst betätigt, was ihm Freude machte. Der Whirlpool wurde von ihm nach Belieben abgestellt, sämtliche Fahrstühle kannte er, keiner musste ihm helfen. Er kannte sich in dem riesengroßen Haus bestens aus, er wusste überall, was es zu tun gibt. Er stellte mich bei der Sekretärin seines Vaters vor – natürlich in Englisch, einfach unglaublich.

Wir hatten sagenhaft gutes Wetter. Nicht zu heiß, aber dennoch hochsommerlich. Bemerken möchte ich, dass das Mittelmeer mit seinen leuchtenden Blautönen eine fantastische Augenweide ist.

Ausgerechnet an unserem Hochzeitstag, am 27. Juni, fand das letzte Fußballspiel der Deutschen bei der WM 2018 statt. Es wird uns in Erinnerung bleiben. Wir konnten am Großbildschirm das traurige Abschiednehmen der deutschen Mannschaft dennoch gemütlich bei einem Glas Sekt verfolgen. Nach dem Aus der deutschen Mannschaft war die wunderbare Stimmung jedoch kurz in ein Tief geraten.

Zum Kaffee gab es eine Überraschungstorte, die vom Haus extra für uns gebacken wurde. Der Tisch war einmalig schön gedeckt. Mareike hatte noch andere Gäste zum Kaffee eingeladen, eine Überraschung folgte der anderen. Wir selbst wussten nur, dass wir alle gemeinsam das Fußballspiel anschauen würden. Mareike meinte vorher, wir mögen uns »doch bitte schön zurechtmachen«.

Was dann am Abend ganz für uns alleine vorbereitet war, ist sowieso unbeschreiblich. Wir hatten erwartet, dass wir vielleicht gemeinsam feiern würden mit den Enkelkindern. Abendgarderobe war ja von uns erwünscht. Schon eine Stunde vorher sah ich einen Kellner mit einem wunderschönen Blumenstrauß in einen Nebenraum gehen. Da war ich mir schon ziemlich sicher, dass die Blumen unseren Tisch zieren würden. So war es dann auch.

Am Boden standen 14 Laternen, die uns den Weg bahnten. Es war eine schöne Überraschung. Der Tisch mit Blick auf Garten, Pool und Mittelmeer war mit sehr viel Liebe wunderbar gedeckt worden. Eine in Deutsch geschriebene Festtags-Menükarte lag bei jedem Gedeck und vier Personen umsorgten uns den ganzen Abend. Zu trinken gab es natürlich alles, was zu einem Festtag gehört. Einfach unbeschreiblich! Ich trinke nie viel Alkohol und konnte mich selbst an diesem Ausnahmetag zurückhalten. Unangenehm aufzufallen konnte ich mir sowieso nicht leisten, nachdem es sich überall herumgesprochen hatte, dass die Großeltern vom Chef ihre »Eiserne Hochzeit« feiern.

Die Wärme und Freude, die wir in diesem Fünf-Sterne-Hotel erfahren durften, war überwältigend!

Ganz schnell hatten wir die Strapazen unserer Anreise wieder vergessen.

Schon am Flughafen in Friedrichshafen hatte die Aufregung angefangen. Das Flugzeug, aus Istanbul kommend, hatte über eine Stunde Verspätung. Wir starteten erst nach eineinhalb Stunden Wartezeit. Uns war klar, dass wir wohl kaum unseren Anschlussflug nach Bodrum erreichen würden. Da half auch die gute Versorgung und die absolut einmalige Bordbetreuung in der Maschine der Turkish Airlines nicht viel.

Wir waren schon bei der Flugbuchung informiert worden, dass der Flughafen in Istanbul für ältere Leute sehr beschwerlich wäre und der Fußweg zu unserem Gate sehr lang sei. Dann standen tatsächlich vor der Zollabfertigung ca. 120 Leute – man mag es glauben oder nicht: Nur eine Abfertigung war geöffnet. Ob das Personal fehlte, weil es ausgerechnet »Erdogans großer Wahltag« war? Natürlich war das Flugzeug nach Bodrum längst abgeflogen.

Wir hatten viereinhalb Stunden Zwangsaufenthalt am Flughafen in Istanbul. Die Kinder mussten benachrichtigt werden. Unser Urenkel Luis konnte natürlich zu später Stunde nicht mehr mitkommen, um uns abzuholen. Traurig und weinend musste er zur gewohnten Zeit ins Bett. Unsere Mareike kam pünktlich, aber alleine, gegen 23 Uhr auf dem gut 30 km entfernten Flugplatz in Bodrum an.

Das Flugzeug, das uns nach Bodrum brachte, war total überfüllt. Das Theater ging dort natürlich weiter. Einer unserer Koffer hatte schon mit dem eigentlichen Flug Bodrum erreicht, unser restliches Reisegepäck kam dann erst mit uns zusammen um Mitternacht an, was natürlich gar nicht zulässig ist. Eine Dame sprach ein wenig Deutsch und entschuldigte sich dafür. Sie hatte den Koffer in einen Nebenraum gestellt und uns schon erwartet. Es war ein aufregender Sonntag – voller Überraschungen.

Für die Heimreise hatte meine Enkelin einen Transfer-Dienst für uns bestellt. Sonst hätten wir den langen Weg bis zu unserem Gate am Istanbuler Flughafen sicher wieder nicht in der kurzen Zeit geschafft. Man bedenke: Das nächste Flugzeug nach Friedrichshafen wäre erst drei Tage später abgeflogen. Wir erreichten unser Gate im letzten Moment. Die meisten Passagiere waren längst an Bord. Wir hörten erstmals unsere

Muttersprache und besonders Hermann war rundum glücklich.

Es gibt Augenblicke im Leben, die jeder mal durchlebt. Wir mussten keine Türme bauen und nicht die Weite des Himmels bezwingen, um zum Himmel emporzusteigen. Der Himmel lockte, er hatte etwas Anziehendes. Ja, der riesengroße Himmel: mal heiter, mal wolkig, tiefblau, manchmal auch pechschwarz. Wie eine Kuppel, die sich über alles Leben ausbreitet. Ein Himmel für alle.

Wir, die wir zu den Normalsterblichen zählen, wären nie darauf gekommen, uns eine A u s z e i t an einem der wohl schönsten Plätze der Welt zu gönnen.

Als wir wieder zu Hause waren, fanden wir ganz besondere Post vor. Absender: »Der Bundespräsident«!

Ich persönlich fühlte mich veräppelt. Tatsächlich kam direkt aus Berlin eine total überraschende Gratulation, auf besonders wertvollem Papier geschrieben und persönlich unterzeichnet von F r a n k - W a l t e r S t e i n m e i e r.

Ja, da waren wir sprachlos. Dem ist zu entnehmen, dass es wirklich eine Gnade ist, das seltene Fest der »Eisernen Hochzeit« bei guter Gesundheit, trotz mancher Widrigkeiten im langen Leben, gemeinsam feiern zu dürfen.

Wir sind natürlich sehr dankbar, dass wir Gott immer in unserer Nähe spüren durften, und bitten auch weiterhin um seinen Beistand und Segen.

Schon vor unserer Abreise in die Türkei hatten wir einen Anruf vom Rathaus Friedrichshafen erhalten. Man fragte uns, wann man uns das Geschenk der Stadt Friedrichshafen überbringen könne. Den Besuch mussten wir natürlich wegen unserer Reisepläne verschieben, doch er wurde gleich nach unserer Heimkehr nachgeholt. Ein uns gut bekannter Stadtrat überbrachte uns einen kleinen Geschenkkorb, zusammen mit guten Wünschen von unserem Oberbürgermeister, Herrn Brand. Auch die Gratulation von Herrn Ministerpräsident Kretschmann hatte Herr Habisreuther dabei. Alle hatten natürlich erwähnt, dass es eine »Seltenheit« und ein besonderes Glück ist, solch ein Fest feiern zu dürfen. Die guten Wünsche für Gesundheit, Glück und Segen haben wir dankbar angenommen.

Ja, man muss geben, bevor man nimmt, und bauen, bevor man wohnt! Das hat schon Antoine de Saint-Exupéry gesagt.

Juli

Es ist Juli, blauer Himmel mit Schleierwolken, die aussehen wie langgestreckte Watte. Vögel zwitschern. Kann es sein, dass Grillen zirpen im Wiesengras? Ich liege mit ausgebreiteten Armen auf dem Rücken und schaue durch die Sonnenbrille in die endlose Höhe. Meine Gedanken fließen langsam und träge dahin. Die Zeit scheint stillzustehen. Es gibt Augenblicke im Leben, die nicht jeder durchlebt. Dieser Sommer bringt viel Sonne und unzählige Überraschungen. Jeder Augenblick ist wie ein Tag und jeder Tag wie ein Augenblick.

Ich denke zurück an den Frühling in diesem Jahr. Schmerz und Trauer und lautloses Schreien wollten gar nicht aufhören. Innerhalb kürzester Zeit kamen f ü n f Schreckensnachrichten, die schwarzen Kleidungsstücke mussten wir gar nicht mehr in den Schrank hängen.

Träume und Hoffnungen, Lächeln und Tränen, Flehen und Dank werden Jahr für Jahr, von Generation zu Generation gen Himmel gerichtet.

Feuchte, schwüle Luft umhüllt mich. Es geht auf den Abend zu, aber es wird nicht kühler. Ein Gewitter zieht herauf, langsam und träge brummend hinter dem Horizont. Ich habe Hunger und Durst. Ein Kaffee unter freiem Himmel, unter bunten Sonnenschirmen wäre mir recht angenehm. Leider muss ich an den Kühlschrank gehen und mich selbst versorgen. Vom Grund des Trinkglases steigen Sprudelbläschen auf, ich bin dankbar für den bis zum Rand gefüllten Kühlschrank.

Wenn die Menschen aus den Ferien zurückkommen, neigen sie dazu, sogar die Regierung etwas milder zu beurteilen. Deshalb schalte ich den Fernseher ein und schaue die neuesten Nachrichten an.

*

Im Urlaub begegnet man fast immer netten Menschen, da jeder sich bemüht, anders zu sein als zu Hause. Einige Urlaubsbekannte lernten wir im Laufe der Jahre erst richtig kennen, als sie uns später überraschend besuchten.

Hitze

Die Temperaturen lösen nicht bei allen Sommerlaune aus. Der Kreislauf streikt oft bei dieser Hitze. Vor allem ältere Menschen sind davon betroffen. Im Krankenhaus und in den Pflegeheimen achtet das Personal darauf, dass die Patienten genügend trinken, leichte Kost zu sich nehmen und die Räume immer gut gelüftet werden.

Leider kann sich nicht jeder eine Auszeit leisten, aber der Bodensee vor der Haustüre bietet nach einem langen Arbeitstag Abwechslung und vor allen Dingen ein kühles Bad.

Dem Bodensee fehlen derzeit gut 70 cm Wasser. Wo man sonst schwimmen konnte, reicht es jetzt nur zum Wassertreten. Auch unliebsame Nachrichten erreichen uns: Süßwasser-Quallen wurden gesehen, die zwar für die Menschen nicht gefährlich sind, aber doch recht unangenehm, wie ich meine. Ich kann mich nicht erinnern, dass es bisher so hohe Wassertemperaturen im Schwäbischen Meer gab.

Der Mensch kann den Pegelstand am Bodensee nicht beeinflussen. Die Entwicklung ist überraschend, denn im vergangenen Winter war der Wasserpegel am Bodensee ungewöhnlich hoch.

Momentan herrscht Trockenheit, der See hat wenig Wasser und in den Zuflüssen verenden bereits die Fische. Da ist Wasser doch wirklich ein kostbares Gut, auch wenn wir scheinbar genug davon vor Augen haben. Ist das wirklich der Klimawandel?

Alle Pflanzen haben Durst, die Grünanlagen und Blumen – nicht nur in den Uferanlagen – warten dringend auf Regen.

Für viele Menschen in der Bodenseeregion ist das Strandbad die zweite Heimat. Das Panorama ist einfach herrlich, die Wasserqualität ist in diesem Jahr besonders gut. Es gibt Gruppen, die beinahe täglich am Bodensee anzutreffen sind. Aber auch Tagträumer, die sich einfach eine Auszeit nehmen. Wer in diesem Sommer die Abende am Bodensee verbringen möchte, hat Glück, denn es gibt weniger Stechmücken als sonst. In diesem Sommer fehlt es den kleinen Plagegeistern an Wasser. Anderen Insekten dagegen bekommt die Hitze mehr als gut. Es gibt besonders viele Schmetterlinge, aber auch Hornissen, Wespen und Bienen.
In unserer Gegend besteht zum Glück keine Waldbrandgefahr!

Perseiden

Die Nächte sind angenehm erfrischend und eignen sich bei sternklarem Himmel bestens, um den Sternschnuppenstrom der Perseiden zu beobachten.
Früher war Urlaub Entpflichtung. Heute habe ich mich längst entpflichtet und kann es mir leisten, halbe Nächte auf dem Balkon zu verbringen. Mehr Konsequenz kann ich an mir feststellen: Ich versuche, im Gegensatz zu früher, »oft nichts zu tun«. Man sollte dranbleiben!
Erneut eine Sternschnuppennacht wie aus dem Bilderbuch. Es wurde berichtet, dass man das Spektakel am Himmel unbedingt gesehen haben müsse. Mal eine ganz besondere Auszeit! Wer morgens anfangen muss zu arbeiten, kann es

sich natürlich nicht leisten, die halbe Nacht auf einer Luftmatratze auf der Wiese zu verbringen. Ohne warme Jacke wäre ich vielleicht krank geworden, denn die Temperaturen waren bis auf neun Grad gesunken.

Eine neue Erfahrung: Du liegst mit ausgebreiteten Armen auf dem Rücken und schaust mit leicht zugekniffenen Augen in die endlose Höhe. Die Gedanken fließen langsam und träge dahin. Die Zeit scheint stillzustehen und du vergisst, wie alt du bist. Über dir der endlose, riesengroße Himmel, der sich wie eine Kuppel über alles Leben ausbreitet.

Ein Himmel für alle.

Mehr als hundert Sternschnuppen sind in einer Stunde über den Himmel gesaust. Die Bedingungen waren einfach perfekt. An Müdigkeit war überhaupt nicht zu denken.

Ich habe Zeit gewonnen, die ich im Leben noch nie hatte, durch mein verändertes Leben. Tatsächlich nutze ich die Zeit für mich, dann habe ich notfalls auch wieder Energie für andere.

*

Für meine Mitmenschen war es anfangs ungewohnt. Man kennt mich normalerweise rast- und ruhelos. Betonen muss ich: Mir hat die viele Arbeit ein ganzes Leben lang immer ein Glücksgefühl beschert.

*

Tageslicht macht gute Laune und spendet Energie. Deshalb lege ich viele Wege zu Fuß zurück. So bekomme ich reichlich Bewegung. Früher war ich meist mit dem Fahrrad unterwegs. Leider hat mir der Arzt das Radeln wegen meiner häufigen Schwindelanfälle verboten. Den Mercedes lasse ich schon lange in der Garage. Mein Mann ist auch im hohen Alter noch ein guter Autofahrer. Oft sehe ich nur die Rücklichter, nicht nur vom Auto, auch von seinem neuen E-Bike. Mein Mann nimmt sich seine Auszeit draußen in der Natur – auch wenn es regnet.

»In jede hohe Freude mischt sich eine Empfindung der Dankbarkeit«, hat schon Marie von Ebner-Eschenbach gesagt.

Trockenheit

In diesem Sommer sieht man eindrucksvoll, wie wichtig und wertvoll Wasser ist. Etwas, was einem sonst gar nicht bewusst ist, weil Wasser bei uns im Allgemeinen reichlich und immer zur Verfügung steht. In diesem Sommer ist es leider ganz anders, ein Ende der Dürre ist noch gar nicht abzusehen. Wie wir uns über ein Hitzegewitter freuen, das leider oft heftig und unwetterartig ausfällt. Ansonsten scheint die Sonne bei weiterhin schweißtreibenden 30 bis 37 Grad. Es soll sogar noch heißer werden, bis 38 Grad sind zu erwarten. Ja, wir sind diese Temperaturen hier gar nicht gewöhnt.

*

Das Klima auf den Kanaren ist ein ganz anderes. Ebbe und Flut wirbeln dort täglich viel Jod und Salz durch die Lüfte, meistens geht ein leichter Wind. Nur selten ist es unerträglich heiß. Die Geschäfte sind sowieso von 13 Uhr bis 17 Uhr geschlossen. Erst abends füllen sich die Straßen und Geschäfte. Natürlich ist am Strand von Teneriffa den ganzen Tag Jubel, Trubel und Heiterkeit! Kulturell wird meistens erst nach 21 Uhr viel geboten.

Der Norden auf der Insel ist sogar sehr regenreich. Hier kann man nicht von Trockenheit sprechen. Von vielen Erholungssuchenden wird der Norden sogar bevorzugt wegen seiner Vegetation.

Heimweh ist ein zweischneidiges Gefühl

Heimweh ist eine normale Reaktion wie Liebeskummer, keine psychische Erkrankung. Dieses Gefühl sollte nicht pathologisiert werden. An Heimweh leidet nicht jeder in gleichem Maße. Es gibt ausgesprochene Heimwehmenschen, die sich zeitlebens nur im Gewohnten geborgen fühlen.

Der Wunsch, eine andere, zusätzliche Heimat in der Welt zu finden, ist für Auswanderer – Überwinterer – aller Zeiten immer ein starker Antrieb gewesen. Wichtig ist, sich auf das Neue einzulassen, das ist der Tipp gegen Heimweh.

Gut verstehen kann ich, dass insbesondere viele Migranten oft an die verlassene Familie, die verlassene Heimat denken.

Umso mehr, wenn sie hier von vielen Mitmenschen nicht angenommen, ja sogar gehasst werden.

Ich musste als Kind meine wunderschöne, geliebte Heimat Ostpreußen durch die Flucht verlassen, wo ich wesentliche Zeiten meines Lebens verbracht habe. Es gibt nichts Intensiveres als die Kindheit. Bestimmte Bilder haben sich in meiner Seele festgesetzt, die ich nicht wirklich beschreiben und benennen kann.

Mit zunehmendem Alter treffen mich aber leider auch Schuldgefühle. Meiner geliebten Mutter trauere ich nun schon seit 1957 nach. Und was ist mit Papa? Dieser intelligente und strebsame Mann hat, zumindest nach dem frühen Tod seiner Frau, mehr gelitten als wir Kinder. War doch die Flucht aus Ostpreußen für einen Großgrundbesitzer schon herzzerbrechend genug, musste nun auch noch seine Frau eine fürchterliche Krebserkrankung durchstehen. Leiden ohne Ende!

Mein Vater und mein Mann waren sehr verschieden. Ich stand zwischen zwei total unterschiedlichen Männern. Ein Preuße in den besten Jahren, und ein noch relativ junger Schwabe. Ich war wohl noch nicht reif genug, den Leidensweg meines Vaters zu ermessen. Ich habe ihn nicht einmal in den Arm genommen und getröstet. Leider habe ich viel falsch gemacht, was ich jetzt nicht mehr rückgängig machen kann. Im Gegenteil, es wird mich wohl zeitlebens begleiten. An Vaters Grab um Verzeihung bitten kann ich auch nicht mehr, da das Grab längst aufgelöst wurde. Gott sei Dank begleiten mich gute Gedanken. Ich habe intensiv in mich hineingehorcht. Oftmals muss man nur auf sein Herz hören, um das Richtige zu tun. Das Herz belügt dich nicht, es weist dir den Weg zu deinem persönlichen Glück.

Ich bin dankbar für das Geschenk, die ganze große Welt als Heimat betrachten zu können. Wo die Sonne scheint, das Meer glitzert, mir liebe Menschen begegnen, mich Kunst und Kultur begleiten, da kommen mir keine Gedanken des Heimwehs. Die Autorin des Buches »Schluss mit Heimweh«, Marion Sonnenmoser, schreibt, dass Heim- und Fernweh sich keineswegs ausschließen.

Viele Menschen sind glücklich, wenn sie reisen können und dadurch ihr Lebenstraum in Erfüllung geht. Ihre Sehnsucht ist die große, weite Welt.

Blutmond

Ende Juli 2018: Der Mond hat sich zur längsten totalen Mondfinsternis des 21. Jahrhunderts in spektakulärem Rot präsentiert. Zur etwa 103 Minuten langen Mondfinsternis gesellte sich ein so heller und großer Mars wie zuletzt vor 15 Jahren. Für uns derzeit lebende Menschen war das ein einmaliges Ereignis.

Wie errechnet wurde, macht der M o n d bis zur nächsten totalen Finsternis auch eine längere A u s z e i t.

Hans Küng

Der gläubige und loyal K i r c h e n r e b e l l und Vordenker der Ökumene H A N S K Ü N G ist im März 2018 90 Jahre alt geworden.

In den vergangenen Jahren hat sich Küng seinem Herzensanliegen, der »Stiftung Weltethos«, gewidmet. Er suchte nach ethischen Normen, die die Menschen konfessionsübergreifend verbinden. Dass aber ausgerechnet die Katholisch-Theologische Fakultät in Tübingen, aus der er 1979 ausgeschlossen wurde, einen Festakt zu seinen Ehren veranstaltet hat, dürfte Küng ein wenig versöhnen. Küng war dankbar, dass er den großen Geburtstag trotz fortschreitender Parkinsonkrankheit noch bewusst erleben durfte. Die guten Wünsche des Bundespräsidenten, Frank-Walter S t e i n m e i e r, dürften ihn besonders geehrt haben.

»Halte deinen Geist wach, denn der geistige Schlaf ist ein Bruder des wirklichen Todes.« (Pythagoras, ein griechischer Philosoph und Mathematiker)

Barmherzigkeit

Das Wort von der Barmherzigkeit ist das Beste, das wir hören können: Es ändert die Welt. Ein wenig Barmherzigkeit macht die Welt weniger kalt und viel gerechter. (Papst Franziskus)

*

Für Menschen da sein, die Unterstützung oder Hilfe brauchen, ihnen ein Zuhause anbieten in schwierigen Lebensphasen, Menschen begleiten oder auch leidvolle Wege mit ihnen gehen, das alles hat mein Leben bereichert. Es ist schön, zu wissen, dass ich anderen helfen und sie fördern konnte in allen Lebensbereichen, auch mein Mann hat mich dabei oft unterstützt. Das Schenken begrenzt sich nicht nur auf Geld- und Sachwerte. Ein besonders wertvolles Geschenk ist auch, sich für jemand anderen Zeit zu nehmen.

Störche

Erstaunlich früh sammeln sich in diesem Jahr die Störche zum Abflug in den Süden. So viele Störche hat es am Bodensee seit Jahren nicht mehr gegeben. Am Affenberg, in der Nähe von Salem, sind allein mehr als 100 Jungstörche zu sehen. Hinzu kommen Jungstörche aus der Umgebung, wohl auch von weiter her. Ganz klar, dass man bei über 200 Störchen das Begrüßungsklappern überall hört. Wer hier in der Gegend wohnt, sollte sich dieses seltene Geschehen nicht entgehen lassen.

Die Flugübungen der Jungstörche beginnen schon möglichst früh. Die wunderschönen Tiere stärken sich unter anderem auf den abgeernteten Feldern, um ihre Fett- und Energiereserven für den langen Flug aufzubauen. Interessant, selbst die Jungstörche sollen eine Art inneres Navi haben, das sie zum Ziel, z. B. nach Spanien, Gibraltar, ja sogar bis nach Mali und Senegal leitet.

Leider sind diese Tiere auf dem Flug vielen Gefahren ausgesetzt. Anhand der Beringung kann man ersehen, wie viele Tiere an ihren angestammten Horst zurückkehren. Wohl denen, die zufällig das Glück haben, den Abflug der Jungstörche mitzuerleben.

Nein sagen

Ich kann heute viel eher N E I N sagen als früher! Ich habe keine Lust mehr auf Menschen, die m i r nicht gut tun. Ich nehme mir keine Zeit mehr, um absurde Menschen oder aufgeblasene Egos zu ertragen. Ich möchte mit Menschen leben, die mein Herz berühren und meine Seele wachsen lassen. Ich möchte in Frieden leben – mit mir, meinen Lieben, meinem Gewissen. Solange Menschen noch glauben, ernten zu können, ohne zuvor gesät und gehegt zu haben, arbeiten sie an ihrem Untergang.

Wege zum Körperglück

Glück ist für jeden Menschen etwas anderes. Langfristig gehört dazu: lieben und geliebt zu werden. Gesund zu sein. Keine finanziellen Sorgen zu haben. Gelassen und entspannt zu sein, auch wenn es gerade etwas besser laufen könnte. Wer lieben kann, ist glücklich. Es gibt aber auch das kurze, das »kleine« Glück: Nach einer

Wanderung auf dem Gipfel zu stehen. Einen großen Eisbecher vor sich zu haben. Auf einer Blumenwiese zu liegen, zu lachen und sich mit anderen zu freuen. Wer Freude, Ausgelassenheit oder innere Einkehr selbstvergessen genießt, befindet sich sicher auch im Einklang mit seinem Körper.

Je älter ich wurde und je schaler die kleinen Befriedigungen mir schmeckten, die ich in meinem Leben fand, desto mehr wurde mir klar, wo ich die Quelle der Freuden und des Lebens suchen müsse. Ich erfuhr, dass Geliebtwerden nichts ist, Lieben aber alles. Und mehr und mehr meinte ich zu sehen, dass das, was unser Dasein wertvoll und lustvoll macht, nichts anderes ist als unser Fühlen und Empfinden. Geld war nichts, Macht war nichts. Ich sah viele, die beides hatten und elend waren. Auch Männer und Frauen, die bei aller Schönheit elend waren. Menschen, die sich zu jeder Zeit eine A u s z e i t leisten könnten. Es gibt keine Pflicht des Glücklichseins.

Ja, das Körperglück ist ein fragiler Zustand. Belastungen in der Familie, im Freundes- und Bekanntenkreis können sich nachteilig auswirken.

Vor Jahren musste ich das selbst erfahren, ich befand mich in einer schwierigen Situation. Ich war sehr mit meinem Unglück beschäftigt, auch die körperlichen Beschwerden nahmen zu. Mir wurde immer deutlicher, dass gute Gedanken und Gefühle gesund machen können und zum Wohlbefinden beitragen. Dass schlechte Gedanken und Gefühle viel Schaden anrichten, ist längst bekannt. Mir hat es gut gefallen, davon zu hören, dass optimistische Menschen damit rechnen können, nicht nur zufriedener, sondern auch länger zu leben – offenbar gilt das sogar nach einer Krebsdiagnose? Aggressionen sind Gift für Herz und Seele.

*

Es sind nicht alle glücklich, die da lachen. Das wahre Glück besteht nicht nur im »Glücklichsein«, vielmehr im »Glücklichmachen«.

Ehe

Ja, die Ehe ist für viele Menschen ein Gewinn. Dann kann man nur verlieren, wenn sie endet. In einer Ehe gibt es nicht nur Sonnentage. Es ist nicht leicht, sich immer wieder zusammenzuraufen, sich auch mal zurückzunehmen, den Partner wertzuschätzen und ihm seine Hobbys zu lassen. Oft fällt es schwer, dies alles zu vereinen.

Schreie, Flüche und Beschimpfungen haben noch keine Partnerschaft gekittet. Dem Wohlbefinden schadet dies nur. In zahlreichen Studien ist bereits gezeigt worden, dass die Ehe sowie ein großer Freundeskreis und gemeinschaftliche Aktivitäten die Gesundheit fördern und das Leben verlängern.

Dass ein Streit wie ein klärendes Gewitter in einer Beziehung wirkt, stimmt nur, wenn anschließend nicht weiter Groll gegen den Partner gehegt wird.

Ein jüdischer Religionswissenschaftler hat einmal gesagt: Es gibt zwei Arten, dieser Welt zu begegnen. Die einen zählen traurig die vielen Löcher im Emmentaler und beklagen den

Käseverlust. Die anderen freuen sich am Käse zwischen den Löchern und genießen das Gute am Vorhandenen.

Insekten

Eine Exkursion ins Naturschutzgebiet Eriskircher Ried stand an. Dort nahm ich an einer Spezialführung über Insekten teil. Unter Leitung eines Biologen konnten Erwachsene und Kinder verschiedene Insekten, vor allem Schmetterlinge, Libellen und Heuschrecken, kennenlernen und Spannendes über das oft abenteuerliche Leben der Insekten erfahren. W a n n hatte ich dazu schon einmal Zeit? Ich kann einen seligen Tag haben, ohne etwas anderes zu brauchen als blauen Himmel und grüne Erde.

Ein T a g e s s p r u c h aus dem K a l e n d e r b l a t t : »Wenn dir jemand erzählt, dass die Seele mit dem Körper zusammen vergeht und dass das, was einmal tot ist, niemals wiederkommt, so sage ihm: Die Blume geht zugrunde, aber der Samen bleibt zurück und liegt vor uns, geheimnisvoll, wie die Ewigkeit des Lebens.«

Glückskekse

Made in Baden-Württemberg

Das Land Baden-Württemberg wirbt mit Glückskeksen für sich, die im Ländle hergestellt werden. Die Kekse passen einfach zu unserer Kampagne »Wir können alles außer Hochdeutsch«. Die Bild-Zeitung hatte bereits darüber berichtet! Selbst das Staatsministerium verfügt über Glückskekse, und zwar über eine ganz eigene Variante.

»Baden-Württemberg macht glücklich« steht ganz unbescheiden auf dem Zellophan – es ist eines der verschiedenen Marketingmittel, mit denen außerhalb Baden-Württembergs um Fachkräfte geworben wird. Die Geschichten der Baden-Württemberg-Kampagne, zu der die Kekse gehören, handeln den Angaben zufolge häufig von Hidden Champions – so wie dem Hersteller der Glückskekse, dem Unternehmen Sweet & Lucky. Dessen Überraschungs-Cracker werden vom Stammsitz Gondelsheim aus in die ganze Welt verschickt.

Auf den Zettelchen im Keksinneren finden sich Sprüche wie: »Viele Menschen t r ä u m e n vom großen Glück, statt einfach nach Baden-Württemberg zu ziehen.« Die Glückskekse werden vom Land überall dort verteilt, wo man Fachkräfte begeistern will. Wir, die hier leben, bekommen diese Kekse nicht zu naschen, denn schließlich wohnen wir schon hier.

Weitere Sprüche sind: »Ein Tag außerhalb Baden-Württembergs ist wie ein Glückskeks ohne Zettel.«

»Meistens bereut man Dinge, die man nicht getan hat. Also komm schnell nach B.-W.«

»Die besten Ideen, sagt man, kommen unter der Dusche – oder in Baden-Württemberg.«

»Es ist nie zu spät, das zu werden, was man hätte sein können: ein Baden-Württemberger!«

Wer über seinen Schatten springen will, muss wissen, dass die Sonne in unserem Ländle am häufigsten scheint.

Chemnitz und die Folgen

Nach dem übermäßigen Lob über unser Ländle stehen mir die Haare zu Berge, wenn ich über S a c h s e n, im Moment über Chemnitz, lese.

Sachsen sorgt durch fremdenfeindliche Vorfälle für Schlagzeilen. Es ist besser, keine »Tagesschau« anzusehen, die Zeitung nur zu überfliegen, um nicht zu verzweifeln. Die meisten AfD-Wähler und Anhänger des ausländerfeindlichen Bündnisses Pegida leben in Ostdeutschland. Ich denke mir oft: Es gibt auch andere wichtige Sachen in Sachsen, warum fixieren sie sich so stark auf die Flüchtlinge? »Wo ist die Kirche?«, wird gefragt. Es geht auch um christliche Werte. Auf Einladung der evangelischen Kirche demonstrierten gut 1.000 Menschen in der Chemnitzer Innenstadt gegen Gewalt und Fremdenhass.

Sachsens Ministerpräsident Kretschmer hat um Vertrauen in den Rechtsstaat geworben und eine lückenlose Aufklärung der Vorgänge versprochen, damit nicht Halbwahrheiten und Stimmungsmache die Oberhand gewinnen.

Sehr viele Menschen ärgern sich über Angstmacherei in Deutschland. Überall hängen scheinbar schwarze Wolken über uns am Himmel. Ich persönlich halte diese Art von Politikpessimismus für überzogen. Auch im Internet wird viel zu viel Negatives publiziert. Probleme in der Gesellschaft gibt es sicherlich genug. I c h kann das ganze Gejammer nicht verstehen. Ich bin nicht mehr die Jüngste, kann mich zu gut an meine Kindheit erinnern. Nach dem Zweiten Weltkrieg waren tatsächlich die meisten Menschen arm. Es gab Millionen Flüchtlinge, darunter war auch ich mit meiner Familie. Die Flüchtlinge mussten alle eine neue Heimat finden. Man hat es geschafft, weil alle Menschen zusammenhielten. Man musste Arbeit finden, ein Dach über dem Kopf haben. Die rechtsextremen und ausländerfeindlichen Übergriffe stoßen international auf Ablehnung. Der Londoner »Guardian« kommentiert die Ausschreitungen in Chemnitz: Es sei beunruhigend, wenn ein rechter Mob in den Straßen einer Stadt randaliert. »Schrecklich alltäglich« seien Angriffe auf Ausländer im Osten Deutschlands, schreibt der »Schweizer Tagesanzeiger«.

Eine Stadt wacht auf. Mit einem Open-Air-Konzert vor Zehntausenden Besuchern stemmte sich Chemnitz gegen die braune Gesinnung. Chemnitz' Bürger haben gezeigt, dass ihre Stadt nicht in der Hand der Rechtsradikalen ist.

Die AfD und das ausländerfeindliche Bündnis Pegida können wir nicht akzeptieren. Ausgerechnet diejenigen wollen immer die erste Geige spielen, die von Tuten und Blasen keine Ahnung haben und anderswo schon mit Pauken und Trompeten durchgefallen sind.

Politiker plädieren für den Aufstand der Anständigen. Die breite demokratische Mehrheit muss ein deutliches Signal geben gegen Rechtsextremismus, Rassenhass und Fremdenfeindlichkeit. Die großartigen Werte unseres Grundgesetzes sind Freiheit, Demokratie und Menschenrechte.

Nach Schätzungen des Instituts der Deutschen Wirtschaft verlieren wir 30 Milliarden Euro Wohlstandspotenzial im Jahr durch den Mangel an Fachkräften. Es ist nicht einzusehen, dass junge Menschen, die als Flüchtlinge gekommen sind, die deutsche Sprache lernen und hier einen Ausbildungsplatz oder Arbeitsplatz haben, nicht bleiben können, gleichzeitig aber weltweit Arbeitskräfte angeworben werden. Viele der sogenannten »besorgten Bürger« haben kaum oder gar keinen Kontakt zu Ausländern. Vielleicht sollte man sie stärker mit den Schicksalen von Geflüchteten konfrontieren? Die allermeisten Kriegsflüchtlinge, z. B. aus Syrien, haben andere Sorgen im neuen Land, als islamistisches Gedankengut zu verbreiten. Sie müssen unsere Sprache lernen, ihre Kinder in die Schule schicken, sich um Arbeit bemühen, und sie wollen selbstverständlich ihren Unterhalt verdienen. Viele Menschen haben Schreckliches erlebt, Angehörige verloren, ihren Besitz, ihre gesellschaftliche Stellung, ihre Heimat.

Katrin Seglitz, eine gebürtige Münchnerin, hat engen Kontakt zu Flüchtlingen und erteilt auch Deutschunterricht in Integrationskursen. Sie sagt, in ihren Sprachkursen waren vorwiegend Menschen aus Syrien. Aus dem Kontakt mit den Flüchtlingen entwickelte Seglitz die Idee eines Erzählprojektes. Sie setzte sich zum Ziel, die einzelnen Geschichten der Geflüchteten zu veröffentlichen.

Dies ist mittlerweile geschehen. Kürzlich präsentierte Frau Seglitz vor über hundert Interessierten ihren Erzählband – für den der Geflüchtete Mohamed den Titel geliefert hatte: »Meine traurige Heimat war das schönste Land der Welt. Jetzt ist es das unglücklichste.«

Aus friedlichen Protesten gegen das autoritäre Regime von Präsident Baschar al-Assad entwickelte sich ein nun sieben Jahre andauernder Krieg, der geschätzt 500.000 Menschen das Leben kostete, Städte in Schutt und Asche legte und elf

Millionen Syrer obdachlos machte. Es sind Geschichten vom verlorenen Glück.

Wer in den Gärten des Glücks lebt, der teile aus von seinem Überfluss an seine Mitmenschen und achte sie als seine weniger glücklichen Brüder. »Das Volk wollte, dass Assad geht.« Weil er nicht ging, musste das Volk »gehen«. Ein kleiner Teil davon nach Deutschland.

Ohne das Prinzip »Hilfe« hat das Prinzip »Hoffnung« keine Chance.

Ich äußere mich nicht oft zu politischen Dingen, kann auch keine politischen Statements geben, meine Interessen sind ganz anderer Art.

Leider konnte ich nicht ausblenden, was zurzeit in Deutschland passiert. Es beschäftigt wohl die meisten Menschen.

Angesichts der Tatsache, dass auch in heutiger Zeit Millionen Menschen ihre Heimat durch Krieg, Gewalt, Terror und Verfolgung verlieren, ist meine Arbeit bei der Flüchtlingsbetreuung zugleich ein Appell für Frieden, Toleranz und Völkerverständigung.

Leben ist Veränderung

Wer zu lange auf einem Standpunkt verharrt, läuft unweigerlich Gefahr, zu erstarren. Nur in der Bewegung bleibt das Leben lebendig. Hin und wieder kann es hilfreich sein, die Perspektive zu wechseln. So können manche Probleme plötzlich winzig und klein werden.

Ich konnte schon erfahren, wie sich ein enormes Glücksgefühl völlig unerwartet in mir ausgebreitet hat. Wer nur auf der Suche nach dem großen Glück ist, übersieht all die kleinen Glücksmomente, die darauf warten, erlebt zu werden. Eine A u s z e i t kann viele schöne und unerwartete Momente bringen.

Ein Sommer, der nicht enden will

Dieser Sommer wird als längster seit Messbeginn in die Jahrbücher der Wetterkundler eingehen. Er begann Mitte April und dauert, mit nur kurzen Unterbrechungen, schon beinahe fünf Monate. Jetzt im September zeigt er sich nochmals in bestechender Spätform. Die Tage beginnen mit sieben bis zwölf Grad frühherbstlich frisch, am Nachmittag haben wir hochsommerliche Temperaturen. Die Sonne scheint. Zu den harmlosen Schleierwolken gesellen sich dekorative Schönwetterwolken. Wir hier in Friedrichshafen haben die Trockenheit nicht allzu sehr zu spüren bekommen. Schauer immer noch zur rechten Zeit, Gewitter eigentlich selten. Wir leben wirklich im gelobten Land.

Nicht nur Bilderbuchwetter, auch eine Bilderbuch-Obsternte haben wir. In unserem Haushalt können wir die Mengen an Obst kaum verarbeiten. Die Apfelernte hat schon drei Wochen früher begonnen als normal. Die Obstbauern haben nicht genug Erntehelfer. Wer das große Glück hat, sich – wie ich – ausgerechnet in diesem Jahr eine Auszeit zu nehmen und die Natur mit ihrer Schönheit zu genießen, ja, bei dem ist das Glück allgegenwärtig.

Weitere Aussichten für den September: »Sommerwetter vom Feinsten«!

Schnäppchenjagd

Der alljährliche zweitägige Flohmarkt direkt am Bodensee hatte noch nie so viele Menschen angelockt wie dieses Jahr. Die Besucher waren bei guter Laune und die Geschäfte liefen, laut Zeitung, überdurchschnittlich gut. Auch ich bin ein Schnäppchenjäger, auf jedem größeren Flohmarkt bin ich anzutreffen. Noch nie bin ich heimgekommen, ohne eine Besonderheit für mich entdeckt zu haben. Das berühmt-bekannte »Bähnlesfest« in Tettnang war für mich ein ausgesprochener Festtag. Die ausgelassene Stimmung in der ganzen Stadt, auf allen Straßen, das köstliche Essen überall, Musik für jedermann – dies alles habe ich gemeinsam mit meinem Mann richtig genossen. Mein Rucksack war wieder gefüllt mit Schnäppchen, als wir zu Hause ankamen. Daheim hat das Sofa dann allerdings schon auf uns gewartet.

Ein Geschenk

Ich kann mich nicht erinnern, schon einmal in meinem langen Leben jeden Tag ein neues, anderes Glück erlebt zu haben. Heute waren wir bei einem Festgottesdienst in unserer wunderschönen Schlosskirche. Ein guter Bekannter hatte auch uns zu seiner Hochzeit eingeladen. Da es in dieser Familie vier junge Pfarrer gibt, kann man sich vorstellen, dass der Gottesdienst kaum zu überbieten war. Dazu die musikalische Umrahmung durch unseren Kirchenmusik-Direktor. Es war vergleichbar mit einer Hochzeit in einem Königshaus, wie man sie im Fernsehen erleben kann. Der Bräutigam trug einen Zylinder und die schlicht gekleidete Braut hat alle entzückt. Ja, so etwas gibt es auch gelegentlich in unserem schönen Friedrichshafen.

Im Anschluss an die Trauung, mit Musik voraus, folgten etwa 200 Gäste dem Brautpaar auf dem Weg ins Graf-Zeppelin-Haus. Dieser Veranstaltungsort bietet einen grandiosen Blick auf den Bodensee. Alles war einmalig schön vorbereitet, es gab zu essen und zu trinken vom Feinsten. Und zu allem das Bilderbuchwetter – ein wahres Geschenk, nicht nur für das Brautpaar Rose und Walter. Alle Gäste konnten diesen Tag genießen.

Mit dem Schreiben wächst die Lust am Erzählen. Vielleicht werde ich noch zu einem Fabulanten?

Ruhestand und Ehrenamt

Meinen Lebensweg habe ich schon in meinem Buch »Späte Jahre« offengelegt. Erst im Ruhestand konnte ich den Sinn im Schreiben finden. An eine A u s z e i t konnte ich damals allerdings noch nicht denken.

Als das Flüchtlingsdrama auch über Deutschland hereinbrach, fand ich Vollbeschäftigung bei den ehrenamtlichen

Helfern in Friedrichshafen und im Bodenseekreis. Wir Helfer/innen waren zwar sehr gefragt, aber unser Einsatz hat sich wirklich gelohnt. Das Heim in meiner Nähe konnte gänzlich aufgelöst werden. Die meisten jungen Männer, die dort untergebracht waren, lernten unsere Sprache gut und schnell, fanden Arbeit und Wohnung. Natürlich gab es auch bei uns Abschiebungen und oft sehr traurige Szenen.

Nur für sich da sein

Abschalten, Auftanken, Genießen, Regenerieren.
Die Seele streicheln, den Körper verwöhnen, den Alltag weit hinter sich lassen – ein Wellnessurlaub im Gesundheitszentrum Federsee in Bad Buchau war gerade richtig für mich. Dort konnte ich den schönsten Mittelweg zwischen dem gesunden »Aktiv-Sein« und entspanntem »Nur-für-mich-Sein« wählen. Die verschiedenen Bereiche unter einem Dach bieten in Sachen Gesundheit, Gastlichkeit, Fitness und Wohlsein eine unschlagbare Expertise.

Sonne

Es ist wohltuend, die Sonnenstrahlen zu genießen. Aber man sollte immer daran denken: Die Mittagssonne wirkt im Sommer auch in Deutschland 40-mal so intensiv wie im Winter. Ich habe es auf Teneriffa gelernt: Ich halte Siesta. In der Mittagszeit ziehe ich mich ganz aus der Sonne zurück. Zwischen

11 und 15 Uhr ist die Sonne am stärksten und die UV-Strahlung sehr hoch. Da steigt auch die Ozonbelastung rapide an. Diese Vorsichtsmaßnahmen ändern nichts daran, dass meine Haut das Alter nicht verheimlichen kann, trotz Sonnenschutz. Mein Arzt hat mir immer wieder empfohlen, viel zu trinken. Ich darf dankbar sein, dass ich zu meinem Alter stehen kann. Am wichtigsten ist es, auf die Signale des Körpers zu achten, meine ich.

Die Sommerzeit ist eine wunderbare Zeit. Wir haben dieses Jahr ja einen Bilderbuchsommer. Das Wetter scheint überhaupt nicht zu wissen, dass wir schon mitten im September sind. Obwohl der Herbst der schönste Maler ist und wir bei unserem Kurzausflug durch Süddeutschland schon überall gefärbte Bäume und bunte Wälder sehen konnten, scheint die Sonne rund um die Uhr. Die Sommerkleidung kann wohl noch längst nicht im Schrank verstaut werden?

Unsere Region

Eines der Markenzeichen unserer Region sind die prachtvollen Obstplantagen. Ob Kultur oder Naturgenuss, hier in unserer Gegend wird alles geboten. Traumhafte Ausblicke von den zahlreichen Aussichtstürmen der Umgebung sind bei schönem Wetter garantiert, vor allem bei Föhnwetterlage, wenn der Bodensee und die Alpen zum Greifen nah erscheinen. Wir Rentner fühlen uns hier richtig geborgen, zumal wir endlich begriffen haben, wie wunderschön es ist, zu Fuß, per Rad oder mit dem Pkw die wohl schönste Gegend

Deutschlands zu erkunden. Sie bietet Ruhe, Erholung und genug Gelegenheiten für eine A u s z e i t.

Die Hopfenernte ist mittlerweile – sehr zur Zufriedenheit der Hopfenbauern – schon beendet, während die Äpfel, Birnen und Weintrauben noch weit leuchten, ja erstrahlen. Selbstverständlich waren die Obstbauern in größter Sorge, ob bei der noch nie dagewesenen Trockenheit eine zufriedenstellende Obsternte überhaupt möglich sein kann. Die Äpfel sind dieses Jahr zwar etwas kleiner, dafür leuchten sie in allen Farben. Ich denke, wer hier in dieser wunderschönen Gegend Urlaub macht, wird sehr gut belohnt. Besonders dankbar sind die Winzer für die gute Ernte. Wir können uns auf einen sehr guten Jahrgangswein freuen!

In unserer Region verbrachte ich wunderschöne Ausflugstage zusammen mit meinem Mann – eine ausgesprochene A u s z e i t!

Rudern

Wer in den Sommermonaten gerne Sport im Freien treibt, denkt meist zuerst an Jogging, Schwimmen oder Fahrradfahren. Aber auch das Rudern bringt Spaß und hat viele positive Effekte für Körper und Geist. Nicht alle besitzen eine Segel-Jacht auf dem Bodensee. Es darf auch ein kleines Boot sein.

Gut kann man dabei auch Chinesisch lernen. Zum Beispiel:

| »Oma« | K a n n   k a u m   k a u n |
| »Verkehrsminister« | U m   L e i   T u n g |

»Finanzminister«	Cent sei futsch
Wie heißt »Baum«?	Tam
»Wald«	Tamtaramtamtam

Frühherbst

Wenn der Sommer geht und der Frühherbst seine ersten Boten schickt, dann sind auch die Herbstwinde nicht mehr weit. Raus aus dem Wohnzimmer und ab in die Natur! Wind- und wetterfest gekleidet, genießen wir die Bewegung an der frischen Luft. Sich jetzt im Herbst draußen zu bewegen, den Wind auf der Haut und in den Haaren zu spüren, das ist wie eine Frischekur für Körper und Seele. Die reine Waldluft und der wohltuende Duft von Nadelbäumen, das Rascheln der Blätter – eine neue Wahrnehmung.

Der Walnussbaum vor unserem Haus wirft bei jedem Windstoß zahlreiche Nüsse ab. Die meisten Nüsse sind jetzt leider schon im zweiten Jahr »schwarz« – keine Ahnung, welche Krankheit der Baum hat. Und wenn jetzt die Blätter fallen, haben wir kaum noch Freude an dem großen Baum. Für das viele Laub reicht der Gartenmüll-Container nicht mehr aus. Wir können förmlich dabei zusehen, wie die Natur sich verwandelt – und wir Menschen uns vielleicht auch?

Heute zeigt sich der zu Ende gehende September von seiner warmen Seite. Dabei scheint nach teils zögernder Auflösung einiger Nebelfelder die Sonne.

Lust auf neue Herbstkleidung. Ein Einkaufsbummel gehört natürlich auch zu jeder Auszeit. Die Fachverkäuferinnen der guten Modegeschäfte beraten ihre Kunden gern und finden auch für mich immer was Passendes. Die Trends ziehen sich durch alle Bereiche. Erinnerungen an frühere Zeiten werden wach. Muster wie Hahnentritt und Pepita dürfen nicht fehlen. Dies kombiniert mit kräftigen Farben, die mir teilweise aber gar nicht gefallen. Seit Jahren gab es nicht mehr so viele Blautöne. Jedenfalls kann und werde ich mich so schnell nicht entscheiden. Zum Glück kann ich mir so viel Zeit nehmen. Und ob ich wirklich etwas Neues brauche, weiß ich heute wirklich noch nicht.

Programm

Ich werde ein neues Programm aufstellen, um mein Verhalten zu überprüfen. Vielleicht halte ich mich daran, aber ich werde es mir zumindest vornehmen – und ich werde mich vor zwei Übeln hüten: Hetze und Unentschlossenheit. Ich werde große Sorgfalt in mein Auftreten legen: vornehm in meinem Verhalten. Ich werde niemanden kritisieren, ja, ich werde nicht danach streben, die anderen zu korrigieren oder zu verbessern – nur m i c h selbst.

Ich werde etwas tun, zu dem ich eigentlich keine Lust habe: Sollte ich mich in meinen Gedanken beleidigt fühlen, werde ich dafür sorgen, dass es niemand merkt.

Ideen

Mein Lieblingsplatz zu Hause ist auf unserem Sofa. Allerdings ist im Moment das Schreiben angesagt. Es gibt Tage, an denen ich so viele Ideen habe, dass ich aufpassen muss, mich nicht zu überfordern.

Blauer Montag

Zurzeit ist mein Mann bei den Kindern in Berlin. Bei der Tochter Gerlinde wartet der Garten auf den Hobbygärtner. Die zwölfjährigen Zwillings-Enkelkinder freuen sich natürlich auch auf ihren Opa. Ich habe momentan eine ganz andere Tageseinteilung als sonst.

Nach einer kurzen Nacht ließ ich das Frühstück ausfallen, um mehr Zeit für einen Stadtbummel zu haben. Zum Mittag kehrte ich in einer Gaststätte ein. Die Enttäuschung war sehr groß: Das Mittagessen war dermaßen miserabel, nie mehr werde ich diese Gaststätte aufsuchen. Ich habe das meiste Essen stehen gelassen, natürlich gemeckert und somit bewirkt, dass ich nur den halben Preis bezahlen musste. Dann fing es auch noch an zu regnen, durchgefroren kam ich nach Hause. Natürlich habe ich mich erst mal für einen Mittagsschlaf entschlossen.

Gibt es so etwas wie einen Blauen Montag? Bei schönem Wetter wäre ich heute zu gerne am Ufer des Bodensees spazieren gegangen. Der See ist einfach wunderschön, er hat überall viel Besonderes zu bieten.

Gelassenheit

»Gott vergib mir, damit ich anderen vergebe.« Seit einigen Monaten steht dieser Kalenderspruch auf meinem Schreibtisch. Eigentlich hätte ich im Tageskalender schon längst weiterblättern können, aber ich traue mich nicht. Denn dieser Vers tut mir gut. Er holt mich von manchem meiner »arroganten Höhenflüge« auf den Boden der Tatsachen zurück. Er zeigt mir auch, wie ich mit den Fehlern anderer Menschen umgehen soll. Es geht dabei nicht ums »Aufrechnen«, was ich doch so gerne immer wieder mache, zumindest in meinen Gedanken. Wichtig ist für mich die Sicht, dass Gott auch dem Anderen vergeben will, genau wie mir. Und deshalb motivieren mich diese beiden Zeilen, die Fehler des Anderen nicht auf die Goldwaage zu legen. Doch die altbekannte Frage »Wer ist der oder die Andere?« beantwortet der Vers nicht. Das muss ich selber tun.

Vielleicht tut Ihnen, liebe Leserin, lieber Leser, dieser Spruch auch gut? Ich wünsche es allen!

Oktober

Draußen pfeift der Wind. Es knackt und kracht an den Wänden. Gegen die Scheiben prasselt der Regen. Nur Abergläubische fürchten solch ein Wetter! Ich bin allein und kann mich daran erfreuen. Auch die Natur freut sich über den Regen. Die Temperaturen steigen täglich noch bis 14 Grad an. Der Nussbaum wirft endlich seine letzten Früchte ab, es ist richtig laut. Die Autos, die in unmittelbarer Nähe stehen, sind besonders betroffen. Aber Beulen hat es wohl noch keine gegeben?

Ja, selbst der längste und schönste Sommer geht mal zu Ende. Nun darf man noch auf einen »Goldenen Oktober« hoffen. In den Niederungen konnten sich bereits einige recht zähe Nebelfelder ausbreiten.

Unsere Vorbereitungen für den Flug nach Teneriffa am 19. Oktober sind in vollem Gange. Die Koffer werden nicht mehr so vollgestopft sein wie sonst in all den Jahren. Denn wir werden Abschied nehmen von der wunderschönen Insel und müssen Platz haben für die Dinge, die wir mit nach Friedrichshafen nehmen. Im »Haus der Begegnung« auf Teneriffa werde ich letztmals einen Flohmarkt anbieten, um die vielen Sachen, hauptsächlich persönliche Dinge und Kleidungsstücke, die wir nicht mitnehmen können und möchten, für einen guten Zweck zu verkaufen. Das »Haus der Begegnung« hat viele Verpflichtungen und ist ganz besonders auf Spenden angewiesen. Über einen guten Erlös – so zum Abschied – würde ich mich ganz besonders freuen. Wie mir mitgeteilt wurde, findet ein Begrüßungsfest statt, und das kommt mir gerade sehr gelegen.

Fröhlich verändert und im Inneren frühlingshaft frisch werden wir am 14. Dezember, rechtzeitig vor Weihnachten, nach Hause aufbrechen. Ich werde von fernen Ufern zum heimatlichen Ufer zurückkehren. Auch dies sehe ich als eine A u s - z e i t an. Ich werde mich verändert haben, um mit neuem Schwung zu Hause zu landen – als »die Alte«.

Werden und Vergehen

Es ist erstaunlich – wir können im Herbst freudig den Glanz der Farben von Blättern bewundern und wissen gleichzeitig darum, dass dies ihr endgültiges Fallen ankündigt. Ähnliches gilt für den Lebensweg eines Menschen, der viele Jahre lang sein Leben aktiv gestaltet hat. Wir nehmen irgendwann wahr, wie auch er älter und schwächer wird. Wer diese Veränderung miterlebt, mag sich fragen, wo die Schönheit und Würde bleibt, wenn ein Mensch dem Tod entgegengeht. Ob Allerheiligen, Allerseelen oder Totensonntag – Tränen dürfen sein, wenn wir uns vom Tod unserer Lieben berühren lassen. Vielleicht darf auch ein wenig Vorfreude sein, die jetzt schon vom künftigen Glanz der neuen Würde und Schönheit Zeugnis gibt. Macht uns nicht der farbige Glanz der nach und nach fallenden Blätter darauf aufmerksam?

Ob wir dies auch an Totensonntagen ahnen oder glauben können? Dahinter verbirgt sich ein Geheimnis, welches für jeden Menschen gilt und uns letztlich Ruhe und Gelassenheit schenken kann, der Realität des Todes auch in unserem Herzen nicht ausweichen zu müssen.

Zu dieser Zeit nimmt die Erkenntnis in mir immer mehr zu, dass ich diese Erde, diese eine mir vertraute Daseinsebene verlassen werde. Es wird deutlicher, dass das Leben ein Durchgang ist und dass wir besonders zum Ende hin immer mehr Ballast abwerfen und frei von allem Irdischen werden.

Ganz sicher wird bei jedem Menschen einmal, freiwillig oder unfreiwillig, eine A u s z e i t eintreten, in der er sich von dieser schönen Welt verabschiedet.

Oasen der Ruhe

Es gibt viele Oasen der Ruhe. Tief im Wald, aber auch zu Hause in einem Moment des Alleinseins. Doch völlige Stille ist mir unangenehm. Ich lausche lieber Naturgeräuschen. Umgekehrt hilft Stille, Ordnung ins Kopfkarussell zu bringen, um auf neue Ideen zu kommen. Der Weg in den Wald ist mir etwas zu weit, aber in der Natur kann ich den Geist auf die Reise schicken. Oft entfliehe ich den Geräuschen des Alltags. Da fällt es mir leicht, mir mit geschlossenen Augen vorzustellen, am Strand zu liegen, auf den Bodensee zu schauen, die vielen Boote zu beobachten, ja zu bestaunen. Meiner Fantasie setze ich dabei keine Grenzen. Ich muss der Kreativität auf die Sprünge helfen. Es wird zum Problem, wenn Störgeräusche mich ablenken und ich keinen klaren Gedanken finde, um weiterzuschreiben. Mein Schreibtisch ist keine Oase der Ruhe, nervige Geräusche stören hin und wieder meine Gedanken.

Ravensburg

Diese Stadt ist vielfältig. Ravensburg bietet viel, was andere Städte nicht haben. Am verkaufsoffenen Sonntag hat es mich in die Geburtsstadt meiner Kinder und meines Mannes gezogen, um mal richtig zu bummeln und zu genießen. Als Ravensburger spricht mein Mann natürlich von »Heimat«. Und das ist doch für jeden genau dort, wo das Herz zu Hause ist. Ich kann mich nicht erinnern, schon mal einen ganzen Sonnentag in Ravensburg verbracht zu haben.

Wer feiern kann, kann auch arbeiten. Das gilt natürlich umgekehrt ebenso. Immer wieder begegnet man Menschen, mit denen man »einfach nur mal so« plaudert. Man erfährt etwas über alte Bekannte, an die man sich kaum noch erinnern kann. Das stärkt das »Wir-Gefühl«.
Gute Kleidung erhöht nicht nur die eigene Stimmung, sondern auch die des Umfeldes. Der Kreislauf des Lächelns beginnt mit der richtigen Klamotte. Oft reichen schon ein schöner Gürtel oder ein Paar tolle Schuhe, um den Blick der anderen einzufangen – sie vielleicht zum Strahlen zu bringen.
D a r a u f   e i n e n   t r i n k e n – endlich ein wichtiger Grund an solch einem Sonntag. Und echt ein guter Grund zum Shoppen, auch wenn wir n i c h t s benötigen!
Ja, ich bemühe mich, so zu leben, dass ich sage: Ich bin dem, was mir gegeben war, halbwegs gerecht geworden; ich konnte am Morgen in den Spiegel schauen und ein frohes, zufriedenes Gesicht sehen.

Kofferpacken

Nächste Woche werden wir verreisen. Unsere Koffer sind fast voll. Wie immer in den letzten Jahren ist Teneriffa unser Ziel.
Das Leben ist wie ein Karussell, es dreht und dreht sich weiter – mal langsam, mal ganz schnell. Mal hoch, mal tief an der Lebensleiter.
Und die Reisekasse? Ich habe fest gespart, damit ich mir viel leisten kann. Ich weiß, dass die Sonne die Fotos erhellt,

dann ist es noch schöner auf dieser Welt. Werde die Ruhe genießen, muss daheim keinen Garten gießen. Schon bin ich ein anderer Mensch. Zu wandern in der Natur, auch das ist A u s z e i t pur. Wir trinken unser Viertele Wein, denken kaum an daheim. Alles zu seiner Zeit. Nach zwei Monaten bin ich gerne bereit, gut erholt wieder zu starten. So wie es alle in der Heimat von mir erwarten. Langsam wird die A u s z e i t beendet sein. Leben ist nicht nur Glanz und Pracht, Leben ist, was man daraus macht.

Dann wieder dreht es sich weiter im Kreise, ich wurde älter, aber auch weise. Ich denke gerne an alles zurück, an meine Kindheit und an mein Glück. Lieben kann man aber alle Zeit, ist man im Herzen dazu bereit. Doch ständig dreht es sich weiter im Kreise, leider immer langsamer und leiser.

L e b e n s w e i s h e i t : »Willst du glücklich sein im Leben, trage bei zu andrer Glück …« Was bedeutet mir das? Man muss sich erst einmal selbst mögen und in seinem Herzen einen ganzen Blumengarten voller schöner Gedanken pflegen. Sich selbst zu mögen ist nicht gleichbedeutend mit Selbstsucht oder Selbstgefälligkeit, sondern mit Zufriedenheit. Dann hat man Reserven genug, auch Freude weiterzugeben. … Die Freude, die wir geben, kehrt ins eigene Herz zurück!

Erlebte Zeit

Ohne die Sonne gäbe es keine Zeit. Es gäbe sie auch nicht ohne den Menschen, der sie erlebt, erleidet, immer genauer zu messen versucht und doch nicht ermessen und begreifen kann. Sie lässt sich nicht festhalten, so wenig, wie man einen Schatten festhalten kann. Die Zeiger unserer Uhren kann man festhalten, verstellen, die Sonnenuhr nicht. Die Zeit vergeht, auch wenn die Sonne nicht scheint. Die erlebte Zeit – insbesondere die A u s z e i t – läuft anders als gemessene Zeit. Sie hat ihren e i g e n e n, ungleichmäßigen Rhythmus, gebunden an wichtige, erfreuliche oder sehr belastende Ereignisse im Lebenslauf. Damit die Zeit nicht zerrinnt, ist es hilfreich, wenn man regelmäßig am Ende des Tages darüber nachdenkt: »Was war belastend an diesem Tag, was kann ich daran ändern?« Genauso wichtig ist die Frage: »Was war besonders schön, wofür kann ich danken?«

Ruhezeit

Wenn Sie zu den Menschen zählen, die oft bis zur Erschöpfung arbeiten, habe ich einen Tipp für Sie: Gehen Sie an einem heißen Sommertag doch mal in eine Kirche hinein. Sie werden sich wundern, wenn Sie den kühlen Kirchenraum betreten. Egal, ob Sie einen Gottesdienst mitfeiern oder sich einfach nur eine schattige Ruhezeit gönnen, Sie werden eine Erfrischung für Leib und Seele erleben.

Bedenken Sie, die Familie braucht Sie gesund, erholt und entspannt. Wer erschöpft ist, ermüdet nicht nur selbst, er ermüdet auch andere.

Die Zeit vergeht wie ein Sturm

Jeder Tag ist scheinbar gleich – schaffen – essen – leben – schlafen. Am nächsten Tag sind es nur andere Namen und Ereignisse, die uns begegnen.
Ohne Krieg geht es leider nicht auf dieser wunderschönen Welt. Auf politischer Ebene gibt es erhebliche Meinungsverschiedenheiten. Aber gottlob – in Deutschland herrscht Frieden.
Eines kann man immer: lachen – sobald ein Anlass dazu besteht. Das Alter sollte uns eigentlich nicht davon abhalten, uns so oft wie möglich zu freuen und viel zu lachen. Ein heiteres Alter ist ein Geschenk – es ist eine Sonderzuwendung der Natur. Ja, die Zeit vergeht wie ein Sturm.

Ein Erbstück

Seit acht Jahren trage ich ein kleines goldenes K r e u z auf der Brust. Es ist ein H u g e n o t t e n k r e u z, das nur wenige Menschen kennen bzw. erkennen. Es ist ein Erbstück einer weitläufigen Verwandten, deren Mann ein Franzose war. Bei meinem letzten Besuch dieser netten Dame im Krankenhaus legte sie mir dieses Kreuz um den Hals – dies mit strahlenden Augen, da sie meinte, es würde absolut zu mir passen. Es würde viel schwerer zu schleppen sein als das große hölzerne Kreuz, das auf dem Rücken getragen wird. Denn unter ihm fällt der Charakter zusammen.

Kürzlich bei einem Familientag kam ein jüngerer Mann auf mich zu. Er war total glücklich, als er sah, welch ein Kreuz ich trage. Er wäre r e f o r m i e r t, sagte er, und seine Mutter würde ohne ihr Kreuz nicht einmal ins Bett gehen. Ich war total platt, damit hatte ich nicht gerechnet. Ich hatte selbstverständlich über die Hugenotten etwas gelesen und wusste auch, wie wertvoll diese goldene Halskette mit dem ganz besonderen Kreuzanhänger ist, aber für mich war es immer nur ein besonderes Erinnerungsstück an die ganz liebe Verstorbene.

Vorfreude

Von Oktober bis kurz vor Weihnachten entfliehen wir wohl letztmals dem tristen Monat November in Deutschland, den Totensonntagen und den vielen Nebeltagen am Bodensee. Obwohl es bis spät in den Oktober hinein bei uns Sonne pur gab, freuen wir uns auf den wohl letzten Inselaufenthalt auf Teneriffa.

Wie immer waren die Tage vor der Abreise hektisch bis zuletzt. Die vielen Blumen um das Haus herum und auf dem großen Balkon mussten versorgt, die Gartenmöbel auf den Dachboden geschleppt werden. Wenn wir unseren lieben Nachbarn auch alle Schlüssel anvertrauen können, darf trotzdem nichts vergessen werden.

Kaum sitze ich im Flugzeug, beginnt endlich wieder die A u s z e i t für mich, die ich innig herbeigesehnt habe.
»Irgendwas ist ja immer.« Kaum ein anderer Spruch trifft so auf das Leben zu wie dieser. Egal welche Probleme man gerade beseitigt hat, es tauchen unter Garantie neue auf. Ich kann es zum Glück mit Humor nehmen. Solche Phasen gibt es immer wieder mal – sie enden aber auch wieder.

Geduld ist schwer

Geduld ist für den Geist das Schwerste. Es ist das Schwerste und ist das Einzige, was zu lernen sich lohnt. Alle Natur, alles Wachstum, aller Friede, alles Gedeihen und alles Schöne in der Welt beruht auf Geduld, braucht Zeit, braucht Stille, braucht Vertrauen, braucht den Glauben an langfristige Dinge und Prozesse, die viel länger dauern als ein einziges Leben. Glauben an Zusammenhänge, die keiner Einsicht eines Einzelnen zugänglich sind.
»Geduld«, sage ich. Ich könnte ebenso gut sagen: Glaube, Weisheit, Kindheit, Einfalt.
Wie seltsam lange braucht man, um sich selbst ein klein wenig zu kennen – wie viel länger, um »JA« zu sich zu sagen und in einem überegoistischen Sinne mit sich einverstanden zu sein. Wie muss man doch immer wieder an sich herummachen, mit sich kämpfen, Knoten lösen, neue Knoten knüpfen. Ist man damit einmal zu Ende, ist die volle Einsicht, die volle Harmonie, das volle fertige Lächeln und »JA-Sagen« da, ist

das Ziel erreicht: Dann lächelt man und stirbt. Geduld ist Wachsen. Ungeduld wird Leiden.

Probleme

Ankunft auf Teneriffa: Unser Mietauto wurde am Flughafen mit Verspätung überbracht. Ein gutes, neues Auto mit allen Schikanen. Es lief gut an, mein Mann machte sich auch schnell mit dem Fahrzeug vertraut. Um das Nötigste einzukaufen, machten wir einen Zwischenstopp in unserem schon immer für gut befundenen Einkaufszentrum »Mercadona«. Der Einkauf war getätigt, aber das Auto gab seinen Geist auf! Wir saßen ca. drei Stunden fest, bis unser Wagen ausgetauscht wurde. Anscheinend standen keine weiteren größeren Autos zur Verfügung. Mit einem wesentlich kleineren Fahrzeug mussten wir uns begnügen, obwohl wir für den Luxuswagen wesentlich mehr bezahlt hatten. Die Elektronik war kaputt: Weder die Vermieter noch wir konnten etwas dafür. Wir kamen erst, als es schon dunkel war, in unserer vertrauten Ferienwohnung an.

Wir hatten den Mietwagen wie immer von Deutschland aus vorbestellt und wollten eigentlich ein ganz normales, ordentliches Auto mit vier Türen haben. Jedenfalls zeigt uns dies, dass immer wieder Probleme und Herausforderungen auftreten können, die nicht vorhersehbar sind. Mein Mann ist dankbar, dass er jetzt ein ordentliches, viel kleineres, unkompliziertes Auto fahren darf. Wir hoffen doch sehr, dass es uns Freude bereitet bis zu unserer Abreise kurz vor Weihnachten.

Daheim wartet dann unser Mercedes in der Garage wieder auf uns.

Jedenfalls bin ich dankbar, dass ich es immer wieder schaffe, gute Gefühle in unserer Umgebung auszulösen, trotz widriger Umstände.

Abschied

Unglaublich, aber wahr: Wir fühlen uns auf Teneriffa nicht mehr so, als wären wir angekommen. Wir werden mit Sicherheit für immer Abschied nehmen von der wunderschönen Insel, die 23 Jahre lang unsere zweite Heimat war. Nicht nur wir haben uns verändert, uns fehlen einfach die lieben Menschen, die hier mit uns gelebt haben, leider verstorben sind oder aus Altersgründen nun auch die Sicherheit in Deutschland suchen.

Der Abschied des letzten Gottesdienstes in der Kirche San Eugenio in Playa de las Amé bleibt mir wohl immer in Erinnerung. Am Schluss des Gottesdienstes überreichte mir Pfarrer Rolf Fröhlich im Namen der Kirchengemeinde einen wunderschönen Blumenstrauß. Es war das Dankeschön für die vielen Flohmärkte, die ich mindestens 15 Jahre mit vollem Einsatz organisiert und durchgezogen habe. Selbstverständlich hat auch mein Mann kräftig mitgeholfen. Ohne die fleißigen, ehrenamtlichen Helferinnen hätte ich diese großen Erfolge niemals erzielt. Mehrmals im Jahr gibt es Gemeindefeste, bis zu 300 Personen finden sich da zum Feiern ein. Ist ja klar, dazu gehörten m e i n e Flohmärkte.

Nur das jeweilige Pfarrerehepaar wird von der EKD in Deutschland bezahlt. Sämtliche Auslagen, ja Unkosten, insbesondere die für das große Haus der Begegnung, müssen irgendwie beglichen werden. Ich glaube kaum, dass die Spendenfreudigkeit in Deutschland auch so übergroß wäre wie auf der Insel.

Jedenfalls liefen mir vor Überraschung und Freude die Tränen. Natürlich gab es auch noch reichlich Beifall von den Gottesdienstbesuchern.

Generation 50 plus?

Es ist oft die Rede von der »Generation 50 plus«. Dieser Begriff bezieht sich generell auf Personen ab einem Lebensalter von 50 Jahren. Er ist jedoch sehr ungenau: Zwischen einem 55-Jährigen und einem 80-Jährigen liegt schließlich eine ganze Generation.

Ganz grob betrachtet, haben Menschen zwischen 55 und 75 Jahren ähnliche Interessen. Eigentlich gibt es die Zielgruppe der »jungen Alten« aber gar nicht. Und wenn, dann ist es die Zielgruppe, die am differenziertesten betrachtet werden muss. Sie kann in vier Gruppen eingeteilt werden: der Senior der Zukunft, der frohe Genießer, der kritische Philosoph und der häusliche Schaffer.

Es wurde erkannt, dass das Geld bei älteren Leuten lockerer sitzt als bei jüngeren. Die »Alten« besitzen das meiste Vermögen und sind auch bereit, dieses Geld auszugeben. Allerdings haben sie andere Ansprüche. Zum einen setzen sie auf

Qualität, zum anderen wollen sie in einer anderen Sprache angesprochen werden. Welche Sprache ist das? Als Erstes einmal wollen viele ältere Menschen nicht als Senioren angesprochen werden. Zweitens darf man sie nicht wie Kinder behandeln. Genau das wird getan, beispielsweise in Gaststätten, in denen es Kinder- und Seniorenteller gibt.

Ein weiterer Punkt ist das Abbauen von Hemmschwellen. Viele ältere Leute würden liebend gerne bestimmte Produkte kaufen, beispielsweise Computer, Smartphones und mehr. Leider muss man Angst haben, von den jüngeren Verkäufern nicht ernst genommen zu werden. Ältere Leute haben ganz andere Wünsche und Bedürfnisse. Darauf sollte auch in der Beratung geachtet werden, um das Selbstbewusstsein zu stärken. Die Senioren wollen aber nicht als isolierte Altersgruppe betrachtet werden. Ideal ist eine Kombination aus dem erfahrenen Wissen der Älteren und den neuen Gedanken der Jungen.

Ich selbst habe keinerlei Probleme damit, zur älteren Generation zu gehören. Ich bin gerne eine Seniorin und bin dankbar, dass ich das Seniorenalter überhaupt erreichen durfte. Natürlich ist es sehr erfreulich, dass es in unserer Region Kaffeenachmittage für Senioren gibt. Diese Treffen sind auch für ältere Menschen, die nicht mehr so mobil und beweglich sind, oder für Menschen mit Demenz gut geeignet. Einige Senioren trauen sich nicht mehr alleine zu Veranstaltungen. Sie können von ihren Angehörigen zu diesen Nachmittagen begleitet werden. Oft wird Livemusik gespielt und es steht sogar eine behindertengerechte Toilette zur Verfügung. Diese

Tage können viele ältere Menschen mit Sicherheit als Freude, ja, als A u s z e i t ansehen.

*

Strahlendes Aussehen ist keine Altersfrage mehr. Falten gelten als Schmuckstücke, graues Haar ist ein Faktor der Ehrlichkeit.

Was rät man Frauen, die versuchen perfekt zu sein?

»Versuchen Sie nicht, nach etwas zu streben, das Sie nie erreichen können!«

Wenn eine Autorin ihre Heimat liebt, dann ist es

Helga Koch.

Helga Koch wurde in Ostpreußen geboren und lebt heute am Bodensee. Immer wieder ging in ihrem Leben die Sonne auf, aber viel zu oft leider auch unter. Sie war nicht immer auf Rosen gebettet. Oft genug hat sie gezögert, der Stimme ihres Herzens zu folgen. Als sie älter wurde, hatte sie bereits eine ganze Liste von Dingen beieinander, die sie ihr Leben lang bereuen würde. Diese Liste hätte eine ganze Wand bedeckt. Helga Koch ist Mutter dreier längst erwachsener Kinder, die allesamt sehr erfolgreich ihr Leben meistern. Der ganze Stolz sind die vier Enkelkinder. Luis, vier Jahre alt, der Urenkel, ist im Moment der Star der Großfamilie.

Erst mit zunehmendem Alter hatte Helga Koch Zeit und Muße, sich dem Schreiben zu widmen – dies mit Erfolg. Das Thema A u s z e i t hat die überzeugte Christin zu einer erfolgreichen Autorin gemacht.

»Auszeit. Nachdenken über das Leben« ist ihr viertes Buch.